Friederike Dunger, Wiebke Hagemeier, Laura Mirjam Walter

KINDER BeRATEN ERWACHSENE

Handbuch für Kinderbeiräte an Kulturinstitutionen

kopaed

Inhalt

1.

Vorwort und Gebrauchsanweisung

Kulturinstitutionen für junges Publikum haben ein Problem. Bestenfalls sind ihre Angebote partizipativ, die Strukturen, in denen diese Angebote stattfinden, werden aber größtenteils von Erwachsenen bestimmt. Viele machen sich auf den Weg, den fehlenden Perspektiven von Kindern und Jugendlichen in ihren Institutionen mehr Raum zu geben.

MAN SOLLTE ALLE
ALTERSGRUPPEN BEFRAGEN,
VON KLEIN BIS GROß!

Am GRIPS Theater haben wir das mit KinderTheaterBeiräten versucht. Klassischerweise sollen Beiräte in Institutionen Betroffene beteiligen, fehlendes Wissen einholen, öffentlichkeitswirksam andere Perspektiven und Themen einbinden, sowie einzelne Menschen ehren.

Auf die Frage, was Kinderbeiräte sollen oder wollen, gibt es viele Antworten. Wir als Initiator*innen der KinderTheaterBeiräte am GRIPS Theater hatten und haben die Vision, dass eine Organisation, die für Kinder arbeitet, auch in ihren Strukturen offen für Kinder sein sollte. Dafür haben wir Verschiedenes ausprobiert und verworfen, sind gescheitert und konnten zusammen mit Kindern Erfolge feiern.

Wir haben festgestellt, dass es eine Basis gibt, die allen Veränderungsprozessen zu Grunde liegt: Begegnung. Besonders beeindruckt haben uns die Momente, in denen Kinder und Erwachsene sich ehrlich begegnen konnten – in Nachbereitungsformaten ebenso wie in Gesprächen mit der Leitung. Denn in diesen Momenten wurde im Kleinen das Vertrauen geschaffen, das es von Kindern und Erwachsenen brauchte, um sich auch an größere Fragen zu trauen und zu beraten bzw. sich beraten zu lassen.

Vor Kulturinstitutionen für junges Publikum liegt ein langer Weg, bis es strukturell möglich ist, dass Kinder mitbestimmen können. Kinderbeiräte sind unseres Erachtens ein hilfreiches Instrument, um diesen Weg zu gehen. Dafür braucht es viel Arbeit und Anstrengung von Seiten der Erwachsenen. Egal ob in Theatern, Museen, Kinderopern, Kinderorchestern, Medienzentren, Jugendkunst-, Musik- oder Tanzschulen – der Impuls Strukturen aufzubrechen, umzukrempeln und neu zu denken, muss von denen ausgehen, die sich darin auskennen.

! EXISTENZIELL WICHTIG FÜR ERFOLG VON BEIRAT

In diesem Handbuch haben wir ausgehend von den vielfältigen Erfahrungen mit den KinderTheaterBeiräten am GRIPS Theater die konkreten Einblicke, Gedanken, Fragen und Checklisten zusammengefasst, die wir selbst gerne am Anfang unserer Beiratsarbeit gehabt hätten.

Allen, die sich auf den Weg machen wollen, Kinder mehr in die Strukturen ihrer Institutionen einzubinden, soll dieses Handbuch Inspiration sein, Unterstützung bieten und sie dazu ermutigen, an ihren Institutionen Kinderbeiräte zu gründen.

Wir sind überzeugt, dass Kinder und Erwachsene miteinander Kunst- und Kulturinstitutionen so gestalten können, dass sich mehr Menschen mit Freude und Selbstverständnis in ihnen bewegen und gemeinsam künstlerisch aktiv werden können.

ZU UNS

Dieses Buch ist konzipiert und geschrieben von uns: Friederike Dunger, Wiebke Hagemeier und Laura Mirjam Walter. Wir drei sind uns einig, dass es für die Beiratsarbeit das Wichtigste war, unsere Haltungen zu Kindern und zu unserer eigenen Expertise zu befragen und gemeinsam weiterzuentwickeln.

Darüber hinaus werden unsere Arbeit und unser Schreiben dadurch beeinflusst, aus welchen Perspektiven wir die Welt erleben, welche Voraussetzungen wir mitbringen und welche Privilegien und Diskriminierungen unsere Erfahrungshorizonte prägen. Vor allem in der Rückschau wurde klar, wie sehr unsere Hintergründe unseren Blick auf die Beiratsarbeit beeinflusst haben. Während des Tuns stand die Auseinandersetzung mit unseren spezifischen Perspektiven nicht im Fokus. Heute würden wir das anders machen und zusätzliche Perspektiven in unsere Gruppe mit einbinden. Wir skizzieren nun kurz unsere Hintergründe und zeigen damit auch, welche Perspektiven wir (nicht) mitbringen.

Wir sind *weiße* Personen, die alle in Berlin leben, aber in kleineren deutschen Städten und Dörfern aufgewachsen sind. Wir erfahren keine Diskriminierung aufgrund unserer Hautfarbe, Herkunft oder Sprache. Wir sind während des Schreibens zwischen 30 und 40 Jahre alt und haben keine Behinderungen, wir sind weder von von adultistischer noch ableistischer Diskriminierung betroffen. Wir wurden als Frauen sozialisiert, sind queer und sind zum Teil von Klassismus betroffen, zum Teil nicht. Wir haben als Kinder und erwachsene Personen erfahren, was Sexismus bedeutet. Als Kinder konnten einige von uns sich schon früh im Kulturbereich orientieren, andere nicht. Heute kennen wir uns gut im Kunst- und Kulturbetrieb Berlins aus und haben Zugang zu dessen Diskursen. Wir haben alle studiert und verorten uns in den Bereichen Theaterpädagogik, Soziale Arbeit und Kulturwissenschaften. Wir haben uns theoretisch mit Partizipation auseinandergesetzt und arbeiten praktisch seit Jahren in diesem Bereich.

Die KinderTheaterBeiräte am GRIPS Theater haben wir Drei in wechselnden Konstellationen begleitet.

ZUM AUFBAU DES BUCHES

Wer sich grundlegende Gedanken zu Kinderbeiräten machen möchte, liest in den KAPITELN 2, 3 und 4.

Wer sich für Orgatipps und Konzeptionsanregungen interessiert, geht zu KAPITEL 5.

Wer wissen will, was Kinder über Kinderbeiräte sagen, liest EIN GESPRÄCH MIT EHEMALIGEN MITGLIEDERN DER KINDERTHEATER-BEIRÄTE, das HOW TO DEAL WITH US und die Notizen an der Seiten.

DIESE NOTIZEN SIND VON UNS!

AMNON, JULIA, LUKE, MARIE & ROSE (EHEMALIGE BEIRATSMITGLIEDER)

Wer Inspiration sucht oder wissen will, was die KinderTheaterBeiräte am GRIPS Theater genau gemacht haben, schmökert in KAPITEL 6.

Wer es eilig hat, liest nur das HOW TO, kopiert die Impulsfragen und Checklisten und sucht konkrete Anleitungen für Aktionen heraus.

Wer noch nicht weiß, schlägt irgendein Kapitel auf und lässt sich von den Verweisen weitertreiben.

Wer gerne genießt, schwelgt in den Notizen, Zeichnungen und Collagen.

Viel Spaß beim Lesen und beim Von-Kindern-beraten-Werden.

WOHNUNGEN FÜR ALLE!

2.
KINDER
RECHTE

Warum Kinderbeiräte schaffen?

Die Frage „Warum Kinderbeiräte schaffen?" wollen wir in diesem Kapitel aus verschiedenen Perspektiven beleuchten. Dafür haben wir vier Interviews mit Menschen geführt, die mit uns das Format Kinderbeiräte aus ihrer Erfahrungsperspektive und vor dem Hintergrund der Diskurse um Partizipation, Adultismus und Kinderrechte diskutieren.

Im ersten Interview kommen ehemalige Mitglieder der KinderTheaterBeiräte am GRIPS Theater zu Wort und reflektieren gemeinsam ihre Beirats-Zeit. Im zweiten Interview spricht Phillip Harpain, Leiter des GRIPS Theaters über die Beweggründe und Motivation, einen Kinderbeirat am GRIPS Theater zu schaffen. Im dritten Interview reden Simbi Schwarz, Anti-Adultismus-Aktivistin und Üwen Ergün, Vorstand *National Coalision* über Adultismus, Kinderrechte und gute Rahmenbedingungen für partizipative Projekte. Im vierten Interview diskutieren Mariella Pierza, Mitglied der *Vertretung für junge Perspektiven, AUGENBLICK MAL! Festival*, Anna Eitzeroth, Geschäftsführung *ASSITEJ* und Prof. Dr. Maike Gunsilius über die Verortung von Beiräten im Partizipationsdiskurs und die Chancen und Hürden von Mitbestimmung von Kindern und Jugendlichen am Theater für junges Publikum.

Die Interviews geben, neben Einblicken in verschiedene Diskurse, hilfreiche Argumente für alle, die sich auf den Weg machen wollen, an ihren Institutionen einen Kinderbeirat zu gründen.

ÜBER EINEN ORT, AN DEM WIR SELBST ENTSCHEIDEN DÜRFEN

Ein Gespräch mit Amnon, Marie, Luke, Julia und Rose (ehemalige Mitglieder der KinderTheaterBeiräte)

Ich bin **Amnon** (15 Jahre) und seit 2017 bei den KinderTheaterBeiräten dabei.

Ich bin **Marie** (14 Jahre) und ich bin auch seit 2017 dabei.

Ich bin **Luke** (15 Jahre) und ich bin seit 2018 beim KinderTheaterRat dabei.

Ich bin **Julia** (16 Jahre) und ich bin auch seit 2018 dabei.

Ich bin **Rose** (14 Jahre) und ich bin seit 2018 dabei.

Wenn der KinderTheaterBeirat am GRIPS Theater ein Gegenstand wäre. Welcher Gegenstand wäre es?

Amnon ▪ Mein Gegenstand wäre Holz. Weil man an Bäumen ablesen kann, wie alt sie sind – also wenn man sie fällt. Und wenn man während dieser gesamten Beiratszeit ein Video von uns gemacht hätte, dann würde man voll eine Entwicklung sehen. Also erstmal natürlich eine körperliche Entwicklung und dann auch noch eine innerliche Entwicklung. Einfach weil ich Theater auf einer anderen Ebene kennengelernt habe. Ich bin eigentlich hingegangen, weil ich dachte, ich könnte Theater spielen. Aber dann haben wir uns mit Theater auseinandergesetzt und über verschiedene Dinge geredet. Das war sehr spannend.

Marie ▪ Beim Gegenstand habe ich direkt an eine Tüte Katjes-Gummibärchen gedacht, weil wir alle sehr bunt sind und sehr offen für alles. Alle können dabei sein. Und wir snacken hier auch einfach viel.

Luke ▪ Beim Gegenstand dachte ich auch an Süßigkeiten. Man merkt ein bisschen, wie Amnon schon gesagt hat, diese Entwicklung: Als wir so zwischen acht und zehn Jahre alt waren, sind alle, jedes Mal, wenn Frieda gesagt hat, wir dürfen uns Süßigkeiten nehmen, da hingerannt. Nach fünf Minuten war alles weg.

Und jetzt ist es so: Wir snacken, aber wir sind ganz entspannt. Es gab immer ganz verschiedene Snacks, also meist Kekse, die nach der ersten Pause weg waren.

Julia ▪ Wenn ich über Gegenstände nachdenke, fallen mir Stifte ein. Einfach weil wir viel geschrieben haben und dann viele verschiedene Zettel an die Wände geklebt haben.

Rose ▪ Ich habe jetzt direkt an ein Spielzeug gedacht, an den Zauberwürfel, weil ich dieses Würfelrätsel nicht kann. Und ich habe damals auch Vieles nicht gekonnt. Aber ich glaube, das ist so eine Entwicklung. Also wenn du so einen Würfel zum Beispiel übst, dann entwickelt sich das, bis du das dann irgendwann kannst. Wenn ich zurück gucke, denke ich mir so: Ja, das hier hättest du vielleicht auch besser machen können oder da mal anders reagieren können oder so. Ich war eben sehr jung.

Welche drei Wörter stehen für euch für den Beirat?

Luke ▪ Chaos. Verfressen. Intelligent.
Rose ▪ Ich hätte jetzt an „Spiele", „Freundschaft" und „Kindheit" gedacht, weil ich mich eigentlich immer mit allen verstanden habe. Und wenn ich an meine Kindheit denke, dann denke ich an Triathlon und eben an den Beirat. Und die Klamotten, die wir im Beirat immer gemacht haben!
Julia ▪ Ich fände vielleicht „zusammen" gut und auch „Freundschaft", weil ich eigentlich mit allen hier befreundet war. Als drittes Wort würde ich vielleicht auch „Essen" sagen.
Marie ▪ Auch „Chaos". Und „lernend" und „spielerisch". Das ist auch alles sehr verbunden, wir haben chaotisch und spielerisch gelernt.
Amnon ▪ „Rot", wegen dem GRIPS-Logo und auch „Freundschaft" und „Theater".

Was waren Lieblingsmomente, an die ihr euch jetzt erinnert?

Luke ▪ Die *Berlinale*. Wir haben so einen schwedischen Film geschaut. Und wir haben dort unsere Hoodies bekommen.
Amnon ▪ Als wir im GRIPS Theater Backstage waren. Das war cool. Das war relativ am Anfang. Wir waren auf der Probebühne und ich dachte, das wäre voll common, dass man dorthin gehen kann – war es dann aber gar nicht. Dort haben wir dann ein Stück gesehen und mitbekommen, wie es entwickelt wird.
Es gibt Stücke, die werden jetzt immer noch gespielt und die haben wir damals schon auf der Probebühne gesehen! Danach haben wir noch mit den Schauspieler*innen gesprochen. Das war toll! Ich hatte zum Beispiel auch für mehrere Jahre das Skript von *Magdeburg hieß früher Madagaskar* zuhause.
Rose ▪ Ich finde, ich habe viele Sachen miterlebt. Ganz viel! Und immer, wenn ich am Podewil vorbeilaufe, erinnere ich mich daran, dass wir dort mal auf die Straße gesprayt haben. Und dann bin ich immer so: Guckt mal, da, da habe ich mal was gemacht!
Julia ▪ Die *Berlinale* fand ich auch richtig cool. Und ich fand es auch cool, als wir eine Tour durch das GRIPS Theater bekommen haben, auch durch die ganzen Büroräume.
Und ich weiß noch, dass ich bei dem Plenum von Wiebke einen Schlüssel bekommen habe. So einen ganz großen Schlüssel. Und dann ist er bei mir zuhause kaputt gegangen und meine Mutter musste den dann kleben. Und den habe ich dann zum ersten Beiratstreffen mitgebracht. Ja, das war ganz cool. Da war ich sehr stolz!
Marie ▪ Für mich ist alles sehr prominent, was mit dem Stück *Anton macht's klar* zu tun hat. Dass wir das angeschaut haben und dass darin Heelys, also Schuhe mit Rollen von dieser einen Marke, vorkommen. Wir haben dann vorgeschlagen, dass die im Stück nicht Heelys heißen sollen, sondern anders, damit sich dann nicht alle diese Schuhe kaufen wollen. Ich habe das Stück dann ungefähr 5000 mal geschaut.
Wir waren auch einmal auf so einem Festival und haben da Theater geschaut. Wir sind, glaube ich, alle eingeschlafen. Und danach haben wir Essensmarken bekommen und haben alle Spätzle gegessen.

Während der Beiratszeit hattet ihr sehr viel Kontakt mit Erwachsenen. Gab es Momente, in denen ihr euch erwachsenen Menschen überlegen gefühlt habt?

Marie ▪ Nee.
Rose ▪ Einmal, im Theater! Da habe ich mit einer anderen Person aus dem Publikum geredet und die Person hat mich irgendwas gefragt. Und ich war so: „Ja, ich kenn' hier alles, ich weiß, wo alles ist!" Da war ich sehr stolz auf mich.
Luke ▪ Das fühl´ ich ein bisschen.
Amnon ▪ Wir haben einmal so ein „Eins-zu-Eins-Gespräch" mit Schauspieler*innen gemacht, nachdem wir einen Ausschnitt aus *Anton macht´s klar* gesehen hatten. Die eine Schauspielerin konnte auch hebräisch. Und dann habe ich mich ein bisschen mit ihr auf hebräisch unterhalten. Aber sie konnte nicht so gut hebräisch wie ich. Und dann war ich teilweise enttäuscht, aber teilweise habe ich mich auch überlegen gefühlt.
Marie ▪ Ich habe mich noch nie so wirklich überlegen gefühlt. Ich habe mich aber oft sehr cool gefühlt, weil ich mich hier auskenne und weil wir Backstage durften. Am coolsten habe ich mich gefühlt, als ich und Milan auf der Erster Mai-Demo am Brandenburger Tor eine Rede halten durften und wir dann Backstage-Pässe bekommen haben. Wir durften dann so durch die Crowd und alle Türen öffnen, wir waren ja VIPs. Und dann gab es dort Mini-Muffins.

Auch wenn wir wissen, dass es schwierig ist, weil wir als begleitende Erwachsene diese Frage stellen, wollen wir trotzdem drüber reden: Gab es Momente, in denen ihr euch Erwachsenen unterlegen gefühlt habt? Momente, in denen ihr euch gewünscht hättet, dass wir oder auch andere Erwachsene ein „How to deal with us" als Vorbereitung gehabt hätten?

Rose ▪ Ich glaube, das hatte ich nicht. Ich hatte das bei Leuten, die zwei Jahre oder drei Jahre älter waren als ich oder schon länger im Beirat waren. Dann war ich manchmal eifersüchtig auf die Person. Dann wollte ich auch so viel Erfahrung haben und so cool sein.
Marie ▪ Ich habe mich euch nie unterlegen gefühlt. Also euch Mj, Frieda und Wiebke. Aber ich habe mich schon oft anderen Erwachsenen vom GRIPS Theater unterlegen gefühlt, zum Beispiel auch bei diesem „Eins-zu-Eins-Gespräch", weil manche einfach, wenn ich was erzählt habe, gelacht haben. So wissend und so: „Haha oh mein Gott! Dieses Kind, was da mitmacht und irgendwelche Weisheiten erzählt". Aber das habe ich auch nur alles erzählt, weil ich mich hier so wohl gefühlt habe und dann erzählt man halt, was man gelernt hat. Aber wenn Erwachsene dann so lachen, obwohl es wahrscheinlich nicht böse gemeint war, fühlt man sich dann wieder sehr klein. Deswegen habe ich mich manchmal auch unterlegen gefühlt.

Gab es Momente, in denen ihr euch mit Erwachsenen auf einer Ebene austauschen konntet? Falls ja, was hat es leichter gemacht?

Julia ▪ Ich fand das eigentlich immer, wenn wir so Beirats-Meetings hatten. Ich habe mich immer wohlgefühlt. Ich hatte das Gefühl, dass ich alles erzählen und immer meine Meinung einbringen kann.
Rose ▪ Ich glaube, weil ich das beim Beirat als extrem präsent empfunden habe, dass hier in den Treffen alle auf Augenhöhe miteinander sind, hat mir das auch in vielen anderen Momenten außerhalb des Bei-

rats geholfen und ich traue mich im Kontakt mit erwachsenen Menschen mehr zu sagen, was ich denke. Zum Beispiel wurde im Beirat gesagt: „Darüber musst du jetzt nicht sprechen, wenn du nicht willst!“ und „Ja, das ist doch okay.“ Das hat mir sehr geholfen.

Marie ▪ Ich hatte damals in der Schule Probleme und hier habe ich mich immer wohlgefühlt. Das war richtig cool, weil ich hier nicht so wie irgendjemand sein musste, sondern einfach so, wie ich bin. Wir konnten halt machen, was wir wollten! Wir hätten uns auch bockig in die Ecke setzen können.

Rose ▪ Hätte man sich bockig in die Ecke gesetzt, dann hätte das halt auch nichts gemacht. Ihr wärt dann so: „Ja, ...“

Amnon ▪ „ ..., ist halt so.“

Rose ▪ Ist halt dann so. Ja.

Marie ▪ Genau. Und das fand ich voll cool. Ich durfte immer sein, wer ich bin. Und das fand ich super cool hier.

Julia ▪ Ich finde das auch. Hätte man sich jetzt wirklich in die Ecke gesetzt, ich glaube, dann wäre wer von euch auch zu einem gekommen und hätte gefragt, was los ist. Also ich finde, man hat sich hier sehr verstanden gefühlt.

Gab es auch Momente außerhalb dieser Gruppensituationen, wo euch Erwachsene auf Augenhöhe begegnet sind, z. B. hier am Theater?

Rose ▪ Bei Premieren gab es immer ganz viel Sekt und wir haben Saft bekommen und da sind wir manchmal mit Leuten ins Gespräch gekommen. Das war dann auch mit Menschen, die nicht vom Theater sind und die waren dann immer voller Respekt, weil wir uns am GRIPS so gut auskennen. Das war immer sehr aufregend.

Marie ▪ Weil ich so viele Jahre am GRIPS war, kannte ich mit der Zeit immer mehr Menschen und die dann auch mich und wir haben uns gegrüßt.
Vor allem, wenn ich dann wieder in anderen Projekten dabei war, kamen die rein und kannten mich schon. Und ich war so voll lässig: „Aah! Hi, schön dich zu sehen!“ Ja, das war cool. Und da hab ich mich auch sehr respektiert gefühlt.

Luke ▪ Famous. Bisschen fame.

Rose ▪ Ja, da haben wir uns immer sehr cool gefühlt, wenn jemand uns erkannt hat und wusste, dass wir zum Beirat gehören.

Luke ▪ Ich glaube, wir haben uns immer so ein bisschen besonders gefühlt. Ja, schon irgendwie fame. Es hat sich gut angefühlt, gemeinsam unterwegs zu sein und dann mit Erwachsenen zu sprechen.
Die sehr gut aussehenden Hoodies haben es auch leichter gemacht, weil wir dadurch Teil einer festen Gruppe waren. Da konnte uns nichts passieren.

Amnon ▪ Ich habe das GRIPS immer als sehr aufgeschlossen und kinderlieb erlebt. Wenn wir einen Besuch im Bürokomplex gemacht haben, wurden wir immer mit einbezogen. Allerdings wurden unsere Ratschläge am meisten von den Schauspieler*innen und den erwachsenen Bereitsbeteiligten ernst genommen.
Ich glaube, dass das GRIPS Theater sehr viel dafür tut, dass Kinderrechte auf der Welt umgesetzt werden und dass Kinder in aktuelle Geschehnisse miteinbezogen werden. Aber klar, das geht auch noch besser!

Habt ihr erlebt, dass eure Feedbacks und Stellungnahmen umgesetzt wurden?

Amnon ▪ Definitiv. Ich kann mich nicht mehr an die genauen Sachen erinnern, aber ich weiß auf jeden Fall noch, dass wir ganz früh bei Proben waren und dann Feedback geben durften. Und dann weiß ich noch, dass wir auf der Premiere waren und dann die Sachen gesehen haben. Also dass das weiß ich auf jeden Fall noch, dass wir das da mitentschieden haben.

Marie ▪ Ich weiß auch, dass in dem Stück irgendein Erwachsenenwitz vorkam und wir alle der Meinung waren, dass das raus muss. Das fanden wir richtig schlimm! Wir haben gesagt, dass das bei den Kindern nicht gut ankommen wird!

Rose ▪ Aber alle Erwachsenen fanden es lustig.

Luke ▪ Wir als Kinder gar nicht. Es gibt in so vielen Filmen und Theaterstücken so zwei, drei Jokes, die nur Erwachsene verstehen ...

Amnon ▪ Die sind dann als Belohnung für die Eltern, dass sie mitkommen.

Luke ▪ Ich glaube, wir als Kinder haben die Jokes einfach nicht gecheckt.

Marie ▪ Obwohl wir alle gesagt haben: „Das muss raus", wurde es nicht geändert.

Rose ▪ Das war irgendwie weird, dass sie nicht auf uns gehört haben.

Marie ▪ Ich fand´s blöd, aber ich fand´s okay.

Rose ▪ Dass es nicht geändert wurde, wussten wir aber auch dann nur, weil du, Mj, es uns gesagt hast! Dafür sind halt auch Sachen reingekommen, die wir gewollt haben.

Marie ▪ Insgesamt finde ich aber schon, dass wir jedes Mal ernst genommen wurden, wenn wir uns Stücke angeschaut und beraten haben. Als wären alle tatsächlich interessiert an dem, was wir sagen. Und das fand ich echt cool. Und die müssen jetzt nicht unbedingt was ändern. Ich glaube, das ist auch manchmal schwierig, manche Sachen zu ändern, aber ich fand es trotzdem einfach voll cool, dass die uns da zugehört haben und dass ich mich dann auch so wissend gefühlt habe. Ich habe mich da schon sehr „gehört" gefühlt.

Welche Spuren haben die Beiräte im GRIPS Theater hinterlassen?

Marie ▪ Ich fand generell unsere Gruppe einfach sehr bedeutend. Gerade an einem Kindertheater, das sich darauf fokussiert, Theater erreichbarer für Kinder zu machen und das diese ganzen wichtigen Themen so verpacken will, dass es Kinder gut verstehen können, zuhören und Spaß haben. Es wäre eigentlich auch dumm, wenn an einem Kindertheater alle Theaterstücke trotzdem nur von Erwachsenen ausgesucht werden. Ich glaube schon, dass wir da am GRIPS sehr viel hinterlassen haben und wir als KinderTheaterBeirat genau da mithelfen konnten. Das Theater hat sich durch uns einen Schritt weiterentwickelt.

Rose ▪ Ich glaube, ich habe das nie so gesehen, dass ich das GRIPS Theater verändere. Also wir waren immer im GRIPS Theater und wir haben ihnen natürlich auch Tipps gegeben, aber ich habe immer eher gesehen, wie ich mich weiterentwickelt habe und nicht, wie das GRIPS Theater sich weiterentwickelt hat.

Amnon ▪ Ich habe gerade überlegt, was im GRIPS von uns stammen könnte, so basically und da bin ich erstmal auf nichts gekommen. Und dann ist mir eingefallen, dass wir ja ein Beirat und kein Ingeneurteam sind, und deswegen glaube ich, dass unsere Spuren in den Köpfen der Menschen sind. Wir haben beraten. Ich glaube, der Eindruck, den wir hinterlassen haben – das ist unser Erbe.

Rose ▪ Auch die Bücher! Ihr macht doch gerade Bücher über uns!

Was würdet ihr sagen, hat der Beirat in eurem Leben und im Theater verändert?

Luke ▪ Ich bin zum KinderTheaterBeirat gegangen, als ich eine sehr schwere Zeit in meinem Leben hatte. Die ist noch nicht ganz beendet, aber schon so gut wie. Und deshalb hat mir das sehr viel positive Kraft gegeben, die anderen Kinder zu sehen, Freundschaften zu schließen und mich in meinem Kopf mit anderen Dingen als diesen Problemen auseinanderzusetzen. Und für das Theater, wie Amnon es schon erwähnt hat, sind wir in den Köpfen der Menschen wahrscheinlich drin geblieben.

Julia ▪ Ich bin eigentlich schon immer ein leicht introvertierter Mensch gewesen, aber ich glaube, durch den Beirat hat sich das ein bisschen gebessert. Ich habe ein bisschen gelernt, wie ich mit anderen Leuten sprechen kann, weil wir hatten ja ständig Kon-

takt zu neuen Leuten. Das hat schon sehr geholfen. Ich habe dadurch einfach gelernt, offener zu sein. Und bezüglich Theater stimme ich einfach mal den anderen zu. Wir sind als Beirat jetzt in all deren Köpfen!

Amnon ▪ Ich glaube, ich habe mir durch den Beirat eine kleine Zeitkapsel geschaffen. Da kann ich einfach immer so hin zurückschauen und sehen, was ich damals so gemacht habe. Weil irgendwie ja, wie gesagt, das ist irgendwie eine große Entwicklung zwischen damals und jetzt. Und es ist schön, das von damals nochmal anzublicken.

Rose ▪ Ich kann mich noch daran erinnern, Amnon, dass du immer so förmlich geredet hast. Ich fand es immer voll cool, weil ich dann immer so gedacht habe, dass du voll erwachsen bist.

Amnon ▪ Vielleicht habe ich mir durch den Beirat den Stock aus dem Arsch gezogen! Doch, wirklich, ich glaube, das war durch den Beirat!

Luke ▪ Könnt Ihr das bitte drin lassen?

Rose ▪ Das Zitat brauchen wir!

Luke ▪ Ja, wir haben jetzt ein geiles Zitat von Amnon!

Rose ▪ Aber, Amnon, ich fand dich damals cool, ich fand das sympathisch!

Wenn ihr Institutionen überzeugen müsstet, warum sie einen Kinderbeirat einberufen sollten, welche Argumente würdet ihr nennen?

Rose ▪ Ich würde die Person fragen, weil fragen immer mehr bringt, als etwas zu sagen: „Guck mal, du willst doch ein Theater für Kinder machen. Ist es dann nicht schlau, Kinder zu fragen, wie das Theater sein soll? Oder sie zumindest, bevor es auf die Bühne kommt, noch mal drüber gucken zu lassen, weil sie die Zielgruppe sind."

Marie ▪ Ich schließe mich da sehr an.

Luke ▪ Ich schließe mich auch an.

Amnon ▪ Man könnte es auf die metaphorische Ebene bringen und sagen: „Wenn ich ein Buch auf Chinesisch schreiben möchte, ich aber kein Chinesisch kann, wen hole ich mir dazu? Genau, eine Person, die Chinesisch kann, die mein Buch dann entsprechend übersetzt oder mir Tipps gibt, wie ich es schreiben kann."

Julia ▪ Ich finde, Kinder haben eine ganz andere Sichtweise auf Sachen. Kinder sehen Sachen eher direkt, wie sie sind und sie sagen meistens auch das, was sie denken, weil sie noch nicht so beeinflusst sind. Ich denke, deswegen wäre es auch sehr gut, die Perspektive von einem Kind einzubeziehen.

Rose ▪ Ich finde, dass es auch das Ziel sein sollte, nicht nur das Theater weiterzubringen, sondern auch die Leute, die daran arbeiten. Es ist also sinnvoll, wenn Schauspieler*innen mit Kindern interagieren und sich austauschen oder auch mal Kinder schauspielern. Es ist doch schlau, nicht nur das eigene Kind, was man in Erinnerung hat, zu spielen, sondern auch mal einfach ein aktuelles Kind zu fragen: „Ey, wie bist du denn so?"
Außerdem geht es auf der Bühne ganz oft um die Probleme von aktuellen Kindern. Erwachsene müssen dann diese Probleme zeigen und bestenfalls auch Tipps geben. Aber wie kann das gehen, wenn sie die Sicht der jetzigen Jugend gar nicht kennen? Denn als sie Kinder waren, da gab es zum Beispiel keine Handys und vielleicht ist jemand im Dorf aufgewachsen und wir sind jetzt in Berlin – das ist ja eine andere Welt!

Amnon ▪ Man könnte sie vielleicht auch ein bisschen konfrontieren. Es ist eine unfassbar große Aufgabe, was sie tun, weil das Kinder auch für ihr späteres Leben beeinflusst. Deshalb wollen sie das bestimmt auch so gut wie möglich machen. Und wenn das Kinder braucht, dann sollten sie sich Kinder holen.

Luke ▪ Das klingt ein bisschen komisch.
Rose ▪ Das hört sich komisch an, aber ich glaube, das ist auch relevant. Außerdem sind es Arbeitskräfte, die nicht bezahlt werden. Wir kriegen zwar ein bisschen Essen, aber insgesamt ist es billiger. Es ist billiger Kinder arbeiten zu lassen und das einfach nur Beirat zu nennen.
Luke ▪ Irgendwie hast du recht. Man sollte sich wirklich, wenn man was für Kinder macht, einfach Kinder holen, weil es billig ist. Du bezahlst sie mit Essen. Und sie –
Rose ▪ Sie sind glücklich!
Luke ▪ Sie sind glücklich und sie machen alles für dich!
Rose ▪ Aber wir haben auch was gelernt.

Habt ihr euch ausgenutzt gefühlt?

Rose ▪ Nein!
Marie ▪ Gar nicht.
Luke ▪ Bisschen.
Amnon ▪ Nein.
Luke ▪ Ich habe Essen bekommen, ich war glücklich.
Rose ▪ Nein. Wir haben auch was gelernt. Also wir sind auch weiter gekommen. Ich finde, dass ist sehr viel, wenn das irgendwie alle gemacht hätten in meiner Klasse, wären wir jetzt ganz anders drauf zum Beispiel.

Was nehmt ihr mit aus eurer Beiratszeit?

Rose ▪ Dass man immer seine Meinung sagen darf und dass man auch seine Meinung durchsetzen sollte. Und dass man auch selber recht haben kann. Du darfst auch mal wütend sein auf einen Erwachsenen und du weißt auch mal mehr als ein Erwachsener.
Marie ▪ Dass man Kinder ernst nehmen soll und auf sie hören soll. Die Meinung von Kindern zählt! Und dass es okay ist, verschiedene Emotionen zu haben. Es ist wichtig zu lernen, dass wir die zeigen dürfen!
Luke ▪ Ja, dass man sein darf, wie man ist, ohne sich vor irgendwem rechtfertigen zu müssen. Und dass man seine Emotionen zeigen darf.
Julia ▪ Dass man immer seine Meinung vertreten darf und dass man nicht, aus Angst ausgeschlossen zu werden, so tun sollte, als ob man wer anders ist.
Amnon ▪ Spaß haben, würde ich sagen. Und natürlich auch das, was die anderen gesagt haben, weil es sehr, sehr klug war.

*Das Gespräch führten die Autor*innen am 12.01.2023*

ÜBER DIE ENTSTEHUNG DER KINDERTHEATERBEIRÄTE UND IHRE POTENTIALE AM GRIPS THEATER

Ein Gespräch mit Philipp Harpain (Theaterleitung)

Ich bin **Philipp Harpain** (56 Jahre) und ich beschäftige mich damit, wie man wirklich alle Kinderrechte durch Theater stärken kann, nicht nur das Recht auf Teilhabe und Mitbestimmung. Kinderbeiräte sind für mich eine Möglichkeit, das strukturell und inhaltlich anzugehen.

Woher kam die Idee, 2016 den ersten Kinderbeirat am GRIPS Theater ins Leben zu rufen?

Wichtige Impulse kamen für mich damals von den *Weltkongressen der arbeitenden Kinder und Jugendlichen*. Da wurden entscheidende Dinge von Kindern selbst besprochen und das ist wichtig! Am GRIPS gab es vor den Kinderbeiräten das Format *Kinderkongresse*. Einmal im Jahr sind für eine Woche Kinder aus ganz Berlin zusammengekommen, um sich intensiv zu einem bestimmten Thema auszutauschen. Die Prozesse, die da angestoßen wurden, hätten für mich immer länger dauern und mit einer längeren Wirkung am Theater bleiben können. Mit einem Kinderbeirat am Theater habe ich mir vorgestellt, diesen kontinuierlicheren Kontakt mit Kindern aufbauen zu können, um Themen auch längerfristig gemeinsam verhandeln zu können.

Worin bestand für dich der Unterschied zwischen den Kinderbeiräten und den schon existierenden partizipativen Formaten für Kinder und Jugendliche?

In dem Moment wo Kinder anfangen sich mehr mit Theater zu beschäftigen, so wie die Beiratskinder, werden sie auch zu Theater-Expert*innen. Dann kann ich Fragen stellen wie: „Wir wollen dieses Buch auf die Bühne bringen. Was findet ihr an dem Buch spannend? Was soll für euch mit rein in die Stückbearbeitung?“ Und das ist ein viel intensiveres Arbeiten als es z. B. in einem zweistündigen Schulworkshop möglich ist.
Und die Kinderbeiräte haben sich neben den inhaltlichen Aufgaben am Theater auch immer damit beschäftigt, was Beteiligung und Mitbestimmung von Kindern bedeutet. Diese Verbindung zum Thema Kinderrechte und der Kinderrechtsbewegung insgesamt, ist mir als Theaterleitung wichtig.
Wir sind als Theater Mitglied in der *National Coalition* – ein Zusammenschluss, in dem sich bundesweit Verbände darum kümmern, dass die Kinderrechte ernst genommen werden – und aktiv in der Initiative *Kinder-*

rechte ins Grundgesetz. Wir als GRIPS Theater haben uns zum Beispiel sehr stark dafür eingesetzt, dass die Kinderrechte in Deutschland wirklich für alle Kinder gelten, unabhängig von ihrer Herkunft. Es ist mir wichtig, da Kinder immer wieder zu stärken. Und ich möchte auch am Theater ein Stück weit diesen Raum aufmachen, in dem Kinder sich ausprobieren können, gerade in solchen Formaten wie dem Kinderbeirat, so dass sie letztendlich auch etwas wieder in ihre Wirklichkeit mitnehmen können.

Wie sah dann die Arbeit des Beirats konkret aus? Was hast du als Leitung davon mitbekommen?

Ich erinnere mich an das *AUGENBLICK MAL!* 2019. Wir hatten die Idee, dass Kinder einen Workshop für Erwachsene geben könnten, sozusagen ein Rollentauschformat. Wenn wir Rollen umdrehen, machen wir alle eine Erfahrung, sowohl die Kinder als auch die Erwachsenen. Die Erwachsenen werden mit den Fragen der Kinder konfrontiert, die unter Umständen auch andere Schwerpunkte in ihrem Workshop setzen als es Erwachsene tun würden. Da wir am GRIPS gerade einen aktiven Kinderbeirat hatten, lag die Gelegenheit nah, dass der Beirat das übernehmen könnte. So ist die erste Ausgabe von *Blick's Mal!* entstanden.

Wie war die konkrete Zusammenarbeit von Beiratskindern und Erwachsenen am *GRIPS Theater*?

Das war sehr unterschiedlich. Mit dem Mitbestimmungsgremium vom GRIPS, es entscheidet über Stücke und Regien am Haus, hat der Beirat z. B. beim Kennenlernen Eins-zu-eins-Gespräche geführt. Kinder und Erwachsene standen sich in Reihen gegenüber und dann haben wir uns ausgefragt, bis alle mit allen gesprochen hatten. Die Schauspieler*innen und Theaterpädagog*innen bei uns sind es gewohnt sich mit Kindern und Jugendlichen auszutauschen. Aber im Gremium sind zum Beispiel auch die Vertretung der Musik, das künstlerische Betriebsbüro oder die Produktionsleitung und die Technik. Das war spannend, sich überhaupt gegenseitig zuzuhören und vorzustellen, was die jeweiligen Aufgaben im Theater sind.
Ich erinnere mich auch an eine Workshopwoche in den Herbstferien, dem Auftakt der Beiratsprojekte. Da konnten die Workshopgruppen zwei von unseren Schauspielenden mit in ihre Szenen einbauen oder sie komplett inszenieren. Das war ein sehr starker Moment für mich mit einer besonderen Spielenergie und inhaltlich viel Potential. Und ich erinnere mich an die Arbeit an Stücken wie z. B. *Anton macht's klar*. Der Beirat hat uns Inputs zur Romanvorlage gegeben. Ich habe mit einem Mädchen gesprochen und das war wirklich, wie mit einer Dramaturgin zu sprechen. Sie hat mir genau erklärt, warum sie diesen Bogen aus dem Stück nehmen würde und was sie damit verfolgen würde und warum sie genau diese Kapitel wichtig findet. Das war eine tolle Analyse für mich. Wir haben das dann nicht genauso umgesetzt, aber ich habe ihre Perspektive immer wieder herangezogen und wusste, das ist für ein Kind interessant, darauf kann ich mich beziehen.

Man merkt an deiner Beschreibung, dass die Mitbestimmung auch Grenzen hat. Wo siehst du diese Grenzen der Mitbestimmung durch Kinderbeiräte?

Ich habe die Arbeit der Kinderbeiräte tatsächlich nie als Mitbestimmung gesehen, sondern immer als Beratung unserer künstlerischen Arbeit. Ich fand es einen großen Schritt damals, uns von den Kindern wirklich als ernst zu nehmende Partner*innen beraten zu lassen, ehrlich zuzuhören und nicht zu sagen: „Danke, nett, dass wir uns unterhalten haben.“, sondern die Grundhaltung einzunehmen: „Ich kann daraus wirklich etwas mitnehmen.“ Das ist für mich ein ganz wesentlicher Schritt in der Zusammenarbeit mit Kinderbeiräten.

Was würdest du sagen, braucht ein gelingender Beirat von den mitarbeitenden Erwachsenen des Hauses?

Es braucht eine große Offenheit unter den Menschen, die am Haus arbeiten und das beidseitige Wissen darum, wann und wie die anderen erreichbar sind. Damit das gut funktioniert, braucht es von den Erwachsenen viel Koordination und einen guten Zeitplan. Es war oft eine große Schwierigkeit festzulegen, wer wen wann wo trifft. Wie taktet man den Beirat in einen normalen Spielbetrieb ein? Das klingt fürchterlich banal, aber ist die Grundvoraussetzung, damit Begegnungen überhaupt stattfinden können. Für mich haben die spontanen Treffen oft am besten funktioniert. Ich erinnere mich an Momente, wo ich einfach zum Beirat gegangen bin, weil ich eine Frage hatte und das war super. Aber die meisten Fragen betreffen die Koordination: Wo wird der Beirat mitgedacht? Welche Treffen gibt es zwischen Beirat und den erwachsenen Mitarbeitenden? Was sind die Fragestellungen genau? Die Schnittstellen zwischen Beirat und Haus muss klar definiert werden. Wenn z. B. mit wechselnden Regisseur*innen gearbeitet wird, muss die Existenz und die Zusammenarbeit mit dem Kinderbeirat immer wieder erklärt und initiiert werden. Das ist der wichtigste Schritt, den Beirat in der gesamten Planung mitzudenken und einfließen zu lassen. Und vielleicht auch nicht zu viel zu wollen. Sich einzelne Projekte auszusuchen, den Rahmen klar zu definieren und da intensiv mit dem Beirat ranzugehen, ohne falsche Erwartungen zu wecken. Es ist wichtig, ehrlich darüber zu sprechen, was überhaupt möglich ist. Und auch mit den Beiratskindern im Gespräch zu bleiben, was sie eigentlich wollen und sich vorstellen können.

Was würdest du anderen Häusern, die an Beiratsarbeit interessiert sind, gerne mitgeben?

Die Zusammenarbeit mit einem Kinderbeirat verändert etwas in der Herangehensweise an Themen und die eigene künstlerische Arbeit. Es ist eine Herangehensweise, die man mögen muss. Es ist kein Programm, das man nebenher macht. Darum sollte man sich als Haus entscheiden: Ist das eine Form, wie wir Kunst machen wollen? Das ist immer eine große Frage: Wie wird Kunst für Kinder gemacht? Wird sie auch mit Kindern gemacht? Und man muss sich auch klar machen, dass es eine intensive Arbeit ist. Sie bringt Spaß, sie beinhaltet aber auch die Verantwortung, die Kinder und ihre Perspektiven wirklich ernst zu nehmen.

Das Gespräch führte Anna-Sophia Fritsche (Theaterpädagogin am GRIPS Theater) am 11.01.2023

ÜBER ADULTISMUS, KINDERRECHTE UND RAHMENBEDINGUNGEN

Ein Gespräch mit Simbi Schwarz (Anti-Adultismus-Aktivistin) und Üwen Ergün (Vorstand *National Coalition Deutschland, Netzwerk zur Umsetzung der UN-Kinderrechtskonvention)*

Ich bin **Simbi Schwarz** (20 Jahre) und ich befasse mich mit Adultismus. Kinderbeiräte sind für mich ein Raum, in dem Kindern die Möglichkeit gegeben wird, frei ihre Wünsche und Bedürfnisse zu äußern.

Ich bin **Üwen Ergün** (27 Jahre) und ich befasse mich seit meinem zehnten Lebensjahr mit Kinderrechten. Kinderbeiräte sind für mich ein zentrales Element für eine Beteiligung von Kindern und Jugendlichen durch Vereine, Institutionen, Politik und Verwaltung.

Wie habt ihr angefangen, euch mit Kinderrechten und Adultismus zu beschäftigen?

Simbi ▪ Seit ich auf der Welt bin, war Adultismus ein Thema bei uns zu Hause. Meine Mutter hat oft Workshops zu dem Thema gegeben und ich fand das schon als junges Kind interessant. Mit neun oder zehn Jahren gestaltete ich dann zum ersten Mal eine Einheit eines solchen Workshops, indem ich den Teilnehmenden Fragen zu gesellschaftlichen Themen stellte, die ich zu der Zeit hatte. Später hat meine Mutter mich dann gefragt, ob ich Interesse hätte, neben ihr, die potentiell Adultismus ausübt, in Workshops als von Adultismus betroffene Person mitzumachen. Seit kurzer Zeit leite ich nun selbst Workshops, in denen ich versuche, Menschen für das Thema Adultismus zu sensibilisieren.

Üwen ▪ Ich habe eine Gemeinsamkeit gefunden: Wir haben beide mit ungefähr zehn Jahren angefangen uns für unsere Themen zu engagieren!

Ich komme aus einer sehr konservativen Gegend und da habe ich schon sehr früh Diskriminierungserfahrungen gemacht – d. h. Diskriminierung miterlebt oder auch selber erfahren. Das hat mich unfassbar genervt und ich wollte unbedingt etwas dagegen tun. Meine Eltern waren sehr engagiert und haben mich immer dazu ermutigt, selbst aktiv zu werden und mich davon nicht runterziehen zu lassen, sondern mich zu wehren und andere zu informieren. Außerdem hatte ich Lehrer*innen, die sehr viel Raum für Engagement eröffnet haben. So habe ich in verschiedenen Projekten und Aktionen mitgemacht und bin Jugend-Botschafter bei *UNICEF* Deutschland geworden. Dort hatte ich die Möglichkeit, die Interessen von Kindern und Jugendlichen in Deutschland gegenüber der Politik zu repräsentieren.

Ich habe Kinder auch in Deutschland immer als vulnerable und diskriminierte Gruppe wahrgenommen, denn sie haben verfassungsgemäß nicht die gleichen Rechte wie Erwachsene: Sie dürfen nicht wählen und ihre Mitbestimmungsmöglichkeiten sind sehr begrenzt. Deswegen habe ich 2014 das *KRF (KinderRechteForum)* gegründet, um mich für Kinderrechte in ganz Deutschland stark zu machen.

Wenn ihr einen Zauberstab hättet, mit dem ihr einen Wunsch bzgl. Mitbestimmung von Kindern in Erfüllung gehen lassen könntet: Was wünscht ihr euch?

Üwen ▪ Ich würde mir wünschen, dass die strukturelle Mitbestimmung von Kindern und Jugendlichen gesetzlich verankert und für alle auf allen Ebenen zur Pflicht wird.
Simbi ▪ Ich würde mir wünschen, dass die Predigt, dass man Menschen als Menschen begegnen soll, nicht bei Kindern aufhört, sondern dass die gesamte Gesellschaft als Raum gilt, in dem Kinder mitbestimmen können. Ich wünsche mir, dass für alle klar ist, dass Kinder zu jeder Zeit in jeder Lebenssituation mitbestimmen können.

Was bedeutet Adultismus?

Simbi ▪ Also erst mal beschreibt Adultismus das Machtungleichgewicht zwischen Kindern und Erwachsenen. Das bedeutet, dass Kinder nicht dieselbe Macht haben wie Erwachsene. Erklärt wird dieses Machtungleichgewicht dadurch, dass Kinder sehr jung seien und noch sehr viel zu lernen hätten.
Das ist eine Definition, die aber eher von Erwachsenen kommt. Deshalb habe ich in Zusammenarbeit mit meiner Mutter als Kind eine eigene Definition entwickelt: Adultismus ist, wenn Größere Kleinere absichtlich runtermachen. Und vielleicht sagen sie dann auch, dass Kinder nicht so gut sind wie sie.
Oft höre ich als Reaktion auf diese Definition von Erwachsenen: „Wir machen das aber doch nicht absichtlich!“ Darauf kann ich aber nur antworten: „Auch wenn ihr es nicht absichtlich macht oder gute Absichten habt – bei uns Kindern kommt es so an! Und in dem Fall habt ihr die Pflicht, als erwachsene Personen die Art zu überdenken, in der ihr mit uns umgeht!“
Üwen ▪ Ich würde sogar sagen, dass Unwissenheit nicht schützt.
Simbi ▪ Ja. Nur weil es nicht so gemeint war, ist es trotzdem Scheiße.
Üwen ▪ Das ist so wie in allen anderen Lebensbereichen auch. Menschen müssen an ihrer inneren Einstellung und an ihrem Mindset arbeiten. Im Jahre 2023 gehört es dazu, dass man sich mehr mit sich selbst auseinandersetzt. In anderen Bereichen funktioniert das bei vielen Menschen ja schon, z. B. beim Thema körperliche Gesundheit. Genauso kann man mit inneren Werten und Wertvorstellungen umgehen – und den inneren Kompass neu ausrichten.

Wie gehen die Kinderrechte mit der Benachteiligung von Kindern um?

Üwen ▪ Erstmal beschreibt die UN-Kinderrechtskonvention das Recht auf Beteiligung des Kindes in allen Angelegenheiten, die das Kind berühren (Artikel 12).
Die große Herausforderung der Kinderrechtskonvention ist aber, dass sie den Weg der Umsetzung offen lässt. Es obliegt jeweils demjenigen, der es interpretiert, wie beispielsweise Partizipation von Kindern ermöglicht wird. Ich habe eine Nulltoleranzpolitik, d. h. dass ich sage, dass es ein klarer Rechtsbruch ist, wenn ein Kinderrecht verletzt wird.
In Deutschland verletzen wir regelmäßig die Artikel der UN-Kinderrechtskonvention, in denen es um Mitbestimmung von Kindern geht, und es gibt keine geeignete staatliche Strategie, wie wir das zukünftig vermeiden können.

Ich finde, dass das der Job von Politiker*innen wäre, dafür Lösungen zu finden. Besonders, weil es in der Zivilgesellschaft sehr viele Ideen und Möglichkeiten gibt, mit denen Kinder und Jugendliche besser beteiligt werden können. Die werden nur oft nicht gesehen oder ernst genommen. Ich denke, es wäre möglich, viele dieser positiven Beispiele auf eine staatliche Ebene zu übersetzen.

Was müsste man tun, damit die Artikel zum Thema Beteiligung der Kinderrechtskonvention eingehalten werden?

Üwen ▪ Kinder und Jugendliche müssen erst einmal an allen Entscheidungen beteiligt sein und mitwirken können, die sie selbst betreffen. „Alle" möchte ich dick und fett unterstreichen, denn dazu gehören auch alle Entscheidungen, die die Gemeinschaft betreffen. Nicht anzuerkennen, dass Kinder mit zur Gemeinschaft gehören und Teil des großen Ganzen sind, ist ein großes Problem, wenn es um Mitbestimmung geht.
Ein anderer wichtiger Punkt ist, dass Beteiligung bzw. Partizipation von Kindern und Jugendlichen ein zentraler Bestandteil des Demokratielernens ist. Dafür ist es wichtig, dass Kinder überall wo sie unterwegs sind lernen, wie Partizipation funktioniert. Das sie wissen, wie sie mitbestimmen können und was ihre Rechte sind. Das gilt für Schulen genauso wie für Freizeitvereine. Nur so können Kinder Demokratie wirklich lernen.
Simbi ▪ Mir wäre es wichtig, besonders bei Kinderrechten eine Sprache zu verwenden, die Kinder verstehen können. Man merkt den Formulierungen der UN-Kinderrechtskonvention sehr an, dass sie ohne Kinder entstanden ist und das macht sie für viele Kinder und auch viele Erwachsene unverständlich.
Üwen ▪ Es wäre total sinnvoll, dass staatliche Institutionen die Kinderrechte in einfacher Sprache veröffentlichen, sodass Kinder und sonstige benachteiligte Personengruppen sie verstehen. Sollte dazu die Expertise fehlen, ist es möglich, sich dafür Hilfe zu suchen, oder mit Kindern diese Texte zu erarbeiten. So machen wir das in der *National Coalition*. Wenn wir zum Beispiel allgemeine Bemerkungen des Kinderrechtsausschusses in kinderfreundlicher Sprache zugänglich machen wollen, dann erarbeiten wir diese kindgerechte Version gemeinsam mit Kindern und Jugendlichen. So kommt der Text auch direkt aus der Zielgruppe selbst heraus. Das ist für mich ein ganz wesentlicher Aspekt von Partizipation und Beteiligung.
Simbi ▪ Ich finde das total wichtig und richtig, dass ihr das mit Kindern zusammen macht. Denn oft habe ich auch nicht mehr auf dem Schirm, wie ich spreche. In direktem Kontakt können Kinder sagen, welche Worte sie nicht verstehen und welche Erklärungen sie genauer brauchen.

Was kann ich als Kind tun, wenn ich an Kunst- und Kulturinstitutionen für junges Publikum mitbestimmen will, aber nicht kann?

Üwen ▪ Wenn man Glück hat, dann gibt es ein Kinderparlament oder einen Kinderbeirat in der Stadt, an den man sich wenden kann und wo man mitmachen kann.
Wenn man Pech hat, dann gibt es das nicht. Dann gibt es wahrscheinlich auch keine Ansprechpartner*innen in der Stadt oder Kommune für die Anliegen von Kindern. Dann gibt es eigentlich nur den Weg, den Erwachsene auch gehen würden. Zum Beispiel eine Beschwerde oder eine Anfrage zu stellen. Aber diese unterschiedlichen politischen Instrumente sind nicht für Kinder gemacht, was das sehr schwierig macht.

In ganz Deutschland gibt es keine Stelle, die sich über Kommunen hinaus um solche Anliegen kümmert. Deswegen haben wir bei dem Kinderrechteforum eine Digitale Hilfeplattform für Kinder und Jugendliche eingerichtet: helpando.org. Dort können sich Kinder und Jugendliche mit ihren Anliegen melden und wir helfen ihnen weiter.
Eigentlich braucht es aber eine gesetzliche Verpflichtung, dass jede Kommune, jede Stadt, jedes Land beispielsweise ein Kinder- und Jugendparlament einrichten muss. Dort könnten dann Anliegen von Kindern direkt bearbeitet werden.

Welches Setting ist wichtig, wenn Kulturinstitutionen mehr Mitbestimmung möglich machen wollen?

Simbi ▪ Also gerade wenn es um die Mitbestimmung von Kindern geht, ist es nicht sinnvoll, ein Setting vorzugeben. Man sollte mit den Kindern ins Gespräch kommen und hören, welche Ideen sie haben. Es ist ganz wichtig, dass wir nicht in unserem erwachsenen Denken bleiben, denn es geht um einen Ort, an dem Kinder eine coole Zeit haben. In den meisten Fällen brauchen sie dafür wahrscheinlich keine Stühle und Tische und viel Ordnung, wie die meisten Erwachsenen.
In der Erarbeitung kann man Kinder auch ganz utopisch werden lassen. Wenn dann zum Beispiel der Wunsch nach einer Hüpfburg kommt, ist es die Aufgabe gemeinsam zu überlegen, warum sie die Hüpfburg wollen. Und wenn keine Hüpfburg in den Raum passt, müssen alle nach Ideen suchen, dieses Bedürfnis anders zu ermöglichen. Vielleicht sind es dann alte Matratzen, auf denen rumgesprungen werden kann.
Das Wichtigste ist zu gucken, wie sich der Raum so gestalten lässt, dass er ein Wohlfühlplatz für Kinder ist. Dann kommen Kinder auch gerne, denn sie wissen: „Das ist ein Raum, der für mich gemacht ist!".

Wie müssen Rahmenbedingungen für Mitbestimmung in Institutionen beschaffen sein und warum sind sie wichtig?

Üwen ▪ Es gibt drei fördernde Rahmenbedingungen für Partizipation, die man als Institution in den Blick nehmen muss: Das erste sind strukturelle Voraussetzungen, die Basis: Braucht es dafür Geld? Wo gibt es einen Ort? Wie ist bei Abstimmungen das Verhältnis von Erwachsenen und Kindern? Wie ist das Stimmrecht von Kindern?
Im zweiten Schritt muss man die personalen Voraussetzungen von Kindern in den Blick nehmen. Was können die Kinder überhaupt? Dabei geht es nicht darum zu sagen, dass die Kinder etwas nicht können und deswegen nicht beteiligt werden können, sondern anhand der Analyse der personalen Voraussetzungen der Kinder zu sehen, welche strukturellen Voraussetzungen für die Beteiligung man noch schaffen muss. Das könnte dann z. B. bedeuten, dass man Texte immer in leichte Sprache übersetzen oder Sitzungen umgestalten muss.
Das Dritte sind die personalen Voraussetzungen von Fachkräften. Wenn man als Fachkraft ein Beteiligungsvorhaben mit Kindern und Jugendlichen initiiert, muss man in der Lage sein, das auch entsprechend zu begleiten und zu moderieren. Dabei geht es um Handwerkszeug und Moderationsskills, aber es ist auch eine Frage der inneren Einstellung und des Mindsets. Für mich gehört es zum Beispiel besonders dazu, dass man in der Lage ist, sich selbst in Diskussionen von Kindern zurückzunehmen.

Wenn man als Institution diese drei Bausteine in den Blick nimmt und merkt, dass etwas fehlt, ist das erstmal ganz normal und okay. Die nächste Frage muss dann nur sein: „Wie können wir es schaffen, das hinzubekommen?". Denn oft werden Defizite festgestellt und man versucht den Beteiligungsprozess auf das einzudampfen, was möglich scheint. Eine Institution stellt zum Beispiel fest, dass sie zu wenig Geld zur Verfügung hat, um den angedachten Umfang an Beteiligung umzusetzen. Dann wird stattdessen ein Projekt ins Leben gerufen, das mit den vorhandenen finanziellen Mitteln stemmbar ist, aber deutlich weniger Kinder beteiligt.
Im besten Falle sähe es anders aus: Die Leitung der Institution und alle Beteiligten würden dann sagen: „Wir wollen unser Qualitätskriterium „Beteiligung" erreichen. Wir haben eine Idee, wie die Beteiligung aussehen soll, nun schauen wir, wo wir Geld herbekommen, um dahin zu kommen."
Um sich an der Stelle als Organisation oder Verein nicht im Ungewissen zu bewegen, ist es wichtig, ganz früh die Diskussion darüber zu führen, wie Kinder und Jugendliche

Stufen der Beteiligung angelehnt an Roger Hart (1992) und Wolfgang Gernert (1993)

beteiligt werden sollen und welche Formen der Partizipation in welchem Umfang ermöglicht werden sollen. Dazu gehört im zweiten Schritt auch, die strukturellen Voraussetzungen der Organisation zu definieren. Dabei muss nicht das Non-plus-Ultra herauskommen, sodass man auf der Beteiligungstreppe bei der Selbstverwaltung landet, aber es sollte auf jeden Fall geregelt und festgehalten sein. Menschen haben kein einheitliches Verständnis darüber, wie Beteiligung aussehen soll und deswegen muss es verbindlich für alle irgendwo festgehalten werden – als Standard, als Maßstab oder als Ziel. So haben alle eine Grundlage, auf der sie arbeiten können und es gibt ein konkretes, messbares Kriterium, das ganz einfach überprüft werden kann: Entweder man hat es gewährleistet oder nicht. Kinder, Mitarbeitende oder Vereinsmitglieder können sich an dem festgelegten Maß an Beteiligung orientieren und es im Zweifel auch einfordern.

Was müssen Menschen lernen, die einen Beteiligungsprozess begleiten wollen?

Simbi ▪ Wenn Menschen wirklich einen Raum schaffen möchten, in dem Kinder sich wohlfühlen, müssen sie vor allem offen für die Ideen der Kinder sein.

Es hilft, verständnisvoll zu sein, denn gerade konfliktscheue Kinder brauchen eine Person, der sie vertrauen können. Außerdem sollte man immer auf der Seite der Kinder stehen und nicht auf der Seite des Vereins oder des Verbands. Für mich ist ganz klar, wenn ich in meinem Beruf mit Kindern arbeite, arbeite ich ganz klar für sie und mache alles dafür, dass sie eine geile Zeit haben. Denn eine gute Kindheit zu haben, ist ein wichtiges Gut, das man auf gar keinen Fall unterschätzen darf.

Üwen ▪ Ich glaube, man hat als erwachsene Person in einem Beteiligungsprozess zusätzlich dazu auch einen Schutzauftrag.
Insbesondere wenn es um Kinderparlamente oder ähnliches in Kommunen geht, habe ich schon erlebt, dass Kinder für ihre Aussagen und Wünsche angefeindet werden und ihnen nicht angemessen begegnet wird – zum Teil in einem unfreundlichen Ton, zum Teil fast aggressiv. Das sind keine guten Situationen für Kinder. Eine Person, die Kinder begleitet, muss einfühlsam sein und Kinder psychologisch und pädagogisch auffangen können. Außerdem muss sie anderen erwachsenen Personen Grenzen aufzeigen und Kindern dabei helfen, zu sagen, dass eine Grenze überschritten wurde und dass sich das nicht gehört. Denn leider sind nicht alle Erwachsenen in der Lage, Kindern angemessen zu begegnen.

Simbi ▪ Dazu kommt auch, dass Erwachsene nicht doppelmoralisch sein sollten. Ich meine z. B., dass sie im Umgang mit Kindern verständnisvoll sind, sich aber, wenn sie mit Erwachsenen zusammensitzen, über sie lustig machen. Menschen, die Kinder begleiten wollen, müssen wirklich für sie einstehen. Gerade Kinder, die nicht gewohnt sind, ihre Meinung zu sagen und ernst genommen zu werden, brauchen eine erwachsene Vertretung, die sie darin unterstützt und der sie vertrauen können.

Wie geht ihr damit um, an Strukturen oder an Einstellungen anderer zu scheitern?

Üwen ▪ Das hört sich banal an, aber das Wichtigste ist, am Ball zu bleiben und sich nicht unterkriegen zu lassen. Ich habe oft gehört „Das schaffst du niemals!“ Das ist nicht besonders motivierend. Aber es ist wichtig, dann zu sagen: „Doch, das schaffe ich jetzt erst recht. Dafür mache ich mich stark, denn das ist mir wichtig!“. Das gilt für Kinder genauso wie für Erwachsene.
Ansonsten kann man nur versuchen, die Erwachsenen abzuholen, an denen man zu scheitern glaubt. Dafür muss man sie sich genau anschauen und versuchen nachzuvollziehen, warum die Person so ablehnend reagiert. Gleichzeitig hilft es immer, gute Argumente parat zu haben. Es ist also ein Spagat zwischen dem Hineinversetzen in die andere Person und dem Wunsch, sie gleichzeitig überzeugen zu wollen. Oft gelingt es mit einem guten Beispiel, dass die Person plötzlich zuhört und dann ist schon sehr viel geschafft. Denn oft scheitert es nicht am Inhalt, sondern daran, dass der Inhalt erst gar nicht bei der Person ankommt, weil sie manche Dinge nicht hören will.

Simbi ▪ Für mich ist das Wichtigste, Sichtbarkeit für die Diskriminierung von Kindern zu schaffen. Ich glaube, wenn sich der Blick mehr darauf richtet, wird sich ein Großteil der Gesellschaft verändern und dann müssen sich auch Institutionen mehr und mehr damit auseinandersetzen. Um einen solchen gesellschaftlichen Wandel hinzubekommen, werde ich weiter Workshops in Institutionen machen – mit der Utopie im Sinn kommen wir da schon hin.

Habt ihr Tipps für Menschen, die einen Kinderbeirat oder mehr Mitbestimmung in ihren Kunst- und Kulturinstitutionen möglich machen wollen?

Üwen ▪ Erstens: Einfach mal machen! Trau Dich! Oft haben Menschen unberechtigte Angst, irgendwas falsch zu machen. Ich glaube, bei dem Thema Beteiligung ist alles besser als nichts zu tun. Man kann eigentlich nicht viel falsch machen, wenn man überhaupt erstmal etwas tut.

Und zweitens: Expertise reinholen ist okay! Wenn man die Beteiligung in der eigenen Organisation auf eine professionelle Ebene heben möchte oder sich doch unsicher fühlt, kann man sich einfach Hilfe von außerhalb suchen. Am besten genau die Expertise, die man gerade noch nicht hat und gerne hätte.

Simbi ▪ Ich finde wichtig zu wissen, dass du dafür echt stur sein musst.

Denn es wird auf jeden Fall anstrengend und viele Leute werden nicht deine Meinung teilen, aber wenn du einfach dranbleibst und es nochmal versuchst und nochmal versuchst und nochmal versuchst, dann kannst du irgendwann nicht mehr überhört werden.

*Das Gespräch führten die Autor*innen am 06.01.2023*

ÜBER UTOPIEN, PARTIZIPATION UND OFFENE RÄUME AM THEATER

Ein Gespräch mit Anna Eitzeroth (Geschäftsführung *ASSITEJ*), Mariella Pierza (Vertretung Junge Perspektiven, *AUGENBLICK MAL! Festival 2023*) und Prof. Dr. Maike Gunsilius (Universität Hildesheim)

Ich bin **Anna Eitzeroth** (40 Jahre) und ich befasse mich gerade mit Mitbestimmungsmöglichkeiten für Kinder und Jugendliche im Theater für junges Publikum. Kinderbeiräte sind für mich ein spannendes Entwicklungsfeld – ich glaube, wir können viel von Kindern lernen.

Ich bin **Mariella Pierza** (15 Jahre) und ich befasse mich gerade mit irgendwie allem. Kinderbeiräte sind für mich verpflichtend einzuführen an jedem Theater, wo Kinder und Jugendliche im Publikum sitzen.

Ich bin **Maike Gunsilius** (47 Jahre) und ich befasse mich gerade mit dem Kinder- und Jugendtheater als künstlerische und als demokratische Praxis. Kinderbeiräte sind für mich ein mögliches Modell für die Umsetzung des Rechtes auf Berücksichtigung des Kindeswillens (Artikel 12 der UN-Konvention über die Rechte des Kindes).

Wie sieht euer utopisches Theater aus? Was wünscht ihr euch?

Mariella ▪ Ich würde es schön finden, wenn Kinder Theater mitleiten könnten, oder wenn die Leitungsebene gleich von Kindern übernommen würde.

Maike ▪ Für mich wäre es ein großer Wunsch, dass das Theater ein Raum sein kann, in dem Kinder, Jugendliche und Erwachsene sich begegnen und gemeinsam Fragen der Zukunft und der Gegenwart miteinander untersuchen. Das heißt einerseits, dass das Theater ein Forum ist, um solche Fragen überhaupt zu stellen und miteinander künstlerisch zu bearbeiten. Andererseits heißt es auch, dass Politik und viele weitere Teile der Gesellschaft, die sonst nicht im Theater sind, dieses auch wahrnehmen und als Raum für einen solchen Dialog anerkennen.

Anna ▪ Für mich ist das Theater ein Ort, an dem sich Menschen unterschiedlicher Generationen treffen, die nicht miteinander verwandt sind und nicht miteinander in einem Bildungsverhältnis stehen. Ein Ort, der auch auf das Verweilen ausgerichtet ist und an dem es selbstverständlich ist, dass es Spielmöglichkeiten sowie Rückzugsmöglichkeiten gibt – egal ob im Foyer oder auf dem großen Platz davor. Das Theater ist ein Ort, an dem

Menschen gerne Zeit verbringen, egal welchen Alters. Wie der Ort genau aussieht und welche Regeln es an ihm gibt, sollten auch Kinder mitentscheiden.

Was bedeutet Partizipation im Kinder- und Jugendtheater und wo sind Beiräte im Diskurs verortet?

Maike ▪ Ich beschäftige mich wissenschaftlich vor allem mit dem Begriff Partizipation im Kontext des Theaters für Kinder und Jugendliche. In diese Überlegungen spielen auch die Partizipationsmodelle hinein, die es seit den 60er Jahren in den Politikwissenschaften und den politischen Bildungswissenschaften gibt, um unterschiedliche Grade und Qualitäten von Partizipation zu bestimmen. Im Kinder- und Jugendtheater wird sehr Unterschiedliches mit dem Begriff Partizipation bezeichnet. Ich habe vier Felder voneinander unterschieden:

Das erste ist das Feld der Teilhabe oder der Zugänge. Hier geht es weniger um Partizipation als vielmehr darum, wie Menschen ins Theater kommen können oder wollen, insbesondere Menschen, deren Zugang zum Theater erschwert ist.

Das zweite sind interaktive Formen, also z. B. Theateraufführungen, in denen das Publikum mit Darstellenden interagiert oder gar nicht richtig klar ist, wer zuschaut und wer performt. In diesem Fall wird auch oft vom „partizipativen Theater“ gesprochen, eigentlich sind es aber interaktive Formen.

Das dritte Feld sind Formen des Zusammenarbeitens, in denen Erwachsene und junge Menschen künstlerisch miteinander arbeiten und diesen Prozess gestalten. Wenn Erwachsene als professionelle Theatermacher*innen mit Kindern und Jugendlichen, die als nicht oder noch nicht professionell gelten, zusammenarbeiten, stellen sich Fragen, wie z. B. Wer übernimmt in solchen Prozessen welche Rolle? Wer trägt welche Verantwortung? Wer wird bezahlt und wer nicht? Wer hat welche zeitlichen Kapazitäten und wer nicht? Und wie sieht die konkrete Zusammenarbeit aus? Wie ist sie strukturiert? Wie werden Themen besprochen, gefunden und wie wird darüber entschieden? Wie wird szenisches Material entwickelt, weiterentwickelt, aussortiert oder dramaturgisch überprüft und zusammengebaut?

Als vierten Bereich sehe ich das Mitentscheiden. Das gibt es natürlich auch innerhalb des einzelnen künstlerischen Prozesses, aber in den letzten Jahren wird dies eben auch über das einzelne künstlerische Projekt hinaus deutlich programmatischer und struktureller verstanden und erprobt. Daran schließen sich Fragen der künstlerischen Programmatik und Gestaltung eines Theaters an, die sonst in der Dramaturgie bzw. in der Leitungsebene besprochen werden, wie z. B. Welches Theater soll hier entwickelt werden? Wer soll das machen? Wie können Kinder und Jugendliche hier mitentscheiden? Wie sollen diese Prozesse von vornherein angelegt werden? Wie soll das Theater aussehen? Wie sollen die einzelnen Räume aussehen? Da gibt es unterschiedliche Modelle und das Beiratsmodell ist eines.

Alle vier Felder beschreiben auf unterschiedlichen Ebenen und in unterschiedlicher Weise künstlerische Formen der Umsetzung des Kinderrechts auf Partizipation an Gesellschaft. Und in allen dieser vier Felder geht es um das Wie: Wie können Zugänge geschaffen werden? Wie werden interaktive Formate eingerichtet? Wie werden Zusammenarbeitsformen zwischen Kindern und Erwachsenen organisiert und gestaltet? Und wie werden Mitentscheidungsmöglichkeiten geschaffen?

Wo seht ihr die Tücken des Partizipationsbegriffs?

Anna ▪ Ich sehe die Schwammigkeit des Partizipationsbegriffs als große Tücke. Oft steht Partizipation im Raum und verschiedene Menschen meinen sehr Unterschiedliches damit. So entstehen Missverständnisse und Enttäuschungen.
Zudem sehe ich als Problem, dass Erwachsene Projekte vielmals „partizipativ" nennen, aber auf ihrer Macht sitzen bleiben. Zum Beispiel liefern Kinder und Jugendliche Material, Ideen oder Geschichten; die Entscheidungsmacht, was dann wirklich umgesetzt oder genutzt wird, liegt aber bei den Erwachsenen.
Ebenso ist es oft bei Beratungstätigkeiten, in denen Kinder gefragt werden, was sie im Theater sehen wollen, aber Erwachsene entscheiden, was davon angenommen und umgesetzt wird.
Eine andere Tücke ist meines Erachtens, wenn Erwachsene ihre eigenen Denkstrukturen auf Kinder und Jugendliche übertragen. In meiner Arbeit sehe ich, dass die erwachsene Unterscheidung von „struktureller" und „künstlerischer" Mitarbeit für Kinder und Jugendliche oft nicht funktioniert.
Bei einem Netzwerktreffen von Kinder- und Jugendbeiräten an Theatern haben viele Kinder und Jugendliche gesagt: „Wir wollen zwar im Theater mitentscheiden, aber wir wollen auch künstlerisch arbeiten".
Ein weiteres Problem ist meines Erachtens, dass im Theater oft ein Dialog mit Kindern und Jugendlichen behauptet wird, die Perspektiven, Haltungen und künstlerischen Impulse von Kindern und Jugendlichen (meist in Clubs oder Projekten) aber selten die programmatischen und künstlerischen Entscheidungen im Theater beeinflussen.
Es ist verschenkt, partizipative Spielfelder zu schaffen, auf denen Kinder und Jugendliche alles machen können, was sie wollen, aber das Theaterprogramm davon unberührt zu lassen.

Wo seht ihr die Chancen des Partizipationsbegriffs?

Anna ▪ Es ist eine Riesenchance, sich als Theaterbetrieb durch Mitwirkung zu verändern und so für alle Kinder und Jugendlichen da zu sein, auch für diejenigen, die jetzt nur im Rahmen von Schulpflicht kommen. In diesem Veränderungsprozess stellt sich mir vor allem die Frage, wie junges Publikum und erwachsene Theatermacher*innen zu einem dynamischeren Miteinander kommen können.
Ein erster Schritt in diese Richtung wäre meines Erachtens, anders über Theater zu sprechen, d. h. sich zu trauen heraus zu gehen aus einer Sprache eines spezialisierten Fachdiskurses – egal ob mit Kindern, Jugendlichen oder meiner Oma.

Welche Erwartungen habt ihr an Mitbestimmungsformate?

Mariella ▪ Für mich ist es ganz wichtig, dass uns Jugendlichen zugehört wird und wir das Gefühl haben, Raum zu haben. Verschiedene Meinungen oder Perspektiven sollten aufgenommen und nicht abgetan werden. Es sollte mit Kindern und Jugendlichen über ihre Themen, Ideen und Meinungen diskutiert werden.
Ein Beirat macht keinen Sinn, wenn ich nicht das Gefühl habe, sagen zu dürfen, was ich zu einem Thema denke. Ich muss mich wohl fühlen und darf keine Angst haben. Um das zu schaffen, sollten Erwachsene, die das begleiten, auch die Zeit und den Raum haben, um Kinder und Jugendliche immer wieder zu ermutigen, auf ihre eigene Weise ihre Meinung zu sagen. Zum Beispiel finde ich es im-

mer gut, wenn wir viel brainstormen können, um eigene Ideen zu entwickeln.
Außerdem ist es mir super wichtig, dass wir ernst genommen werden. Ich habe große Wut, wenn ich merke, dass das nicht passiert und seitdem ich aktiv in Beiräten bin, passiert mir das oft.
Besonders cool ist aber natürlich, wenn wir uns dann mit unseren Ideen durchsetzen und z. B. einen Workshop so gestalten können, wie wir das wollen.
Ich möchte das Gefühl haben, dass man unsere Stimmen als Kinder und Jugendliche braucht.

Welche Rahmenbedingungen braucht es für Mitbestimmung?

Anna ▪ Oft gibt es die Erwartung, dass die Rahmenbedingungen für Mitbestimmung ganz klar sind. Ich finde das manchmal sehr herausfordernd, deswegen ist mir vor allem Transparenz wichtig.
Beim *Augenblick Mal!*-Festival, einem Berliner Festival für Theater für junges Publikum, haben wir zum Beispiel die „Vertretung für junge Perspektiven" eingebunden. Ihnen konnten wir sagen, was schon gesetzt war, es war aber auch noch sehr viel offen. Wir haben sehr bewusst nicht einen Raum oder eine Veranstaltung in ihre Hände gelegt, sondern erstmal gemeinsam versucht herausfinden, was die Jugendlichen wollen. Da bekam ich teilweise das Gefühl, dass wir alle geschwommen sind und uns gefragt haben, wo wir gerade sind.
Deswegen würde ich die Frage gerne verändern: Was braucht es, damit man nicht schwimmt?
Mariella ▪ Ich bin Teil der Vertretung für junge Perspektiven und kann mich an den Anfang sehr gut erinnern. Vor allem daran, dass ich das Festival sehr, sehr schwer zu verstehen fand. Ich fand das super, dass wir erstmal sehr transparent erklärt bekommen haben, was, wo, wie und wann geht und welche Schritte wer dafür machen muss. Erst als ich überhaupt verstanden habe, was das Festival bedeutet, war mir auch klar, was ich daran verändern möchte.
Auch ich hatte das Gefühl, dass wir geschwommen sind, aber ich fand das gut, weil ich mich da finden konnte. Und gemeinsam haben wir herausgefunden, welche Schwerpunkte wir setzen wollen.
Maike ▪ Ich kann das total nachvollziehen, Anna. Einerseits will man als erwachsene Person eine Klarheit schaffen und andererseits nicht zu viel vorformatieren. Vielleicht braucht es deswegen beides: Transparenz und Klarheit darüber, welche Entscheidungen nicht aus der Hand gegeben werden und darüber, was sehr wohl in andere Hände übergeben wird, bis wohin und wie. So werden keine falschen Erwartungen geweckt. Und zugleich braucht es ein Benennen der Bereiche, von denen man noch nicht genau weiß, wie es da funktionieren kann, auch weil man noch nicht weiß, wie groß das Interesse des Beirats daran ist.
Das wäre dann ein Minimum- und Maximum-Modell und dazwischen braucht es vielleicht wirklich den Mut zu schwimmen, die Fähigkeit, dieses Schwimmen benennen zu können und den Plan und die Zuversicht, dass es nach einer gewissen Zeit wieder aufhört.
Das Beispiel des Festivals ist spezifisch, denn es ist immer zeitlich begrenzt. Das ist etwas anderes, als wenn es um Mitbestimmung in einer Institution und um einen sehr umfassenden Transformationsprozess geht. Die „junge Sparte" eines größeren Theaters ist ja z. B. eingebunden und muss innerhalb der Institution selbst den Rahmen abstecken. Da geht es dann die Frage, was man überhaupt versprechen kann. Für andere Theater oder Kollektive stellt sich die Frage wiederum anders.

Es ist wichtig zu wissen, was die eigene Entscheidungsgewalt und die eigenen Entscheidungsmöglichkeiten sind, was davon aus der Hand gegeben werden kann und wie. Dann stellen sich die Fragen, was man aus der Hand geben will und was das für die eigenen Kapazitäten und für die Kapazitäten von Beiratsmitgliedern bedeutet.

Auch Beiratsmitglieder müssen herausfinden, was sie sich wünschen und was sie bereit sind zu geben. Wie umfassend und bis zu welchem Punkt wollen sie sich mit unterschiedlichen Fragen beschäftigen und wo möchte ein Beirat auch delegieren?

Anna ▪ Es braucht meines Erachtens auf jeden Fall eine organisatorische Grundlage. Gerade am Anfang braucht es Unterstützung, um an bestimmten Punkten zu sortieren oder zu moderieren. Eventuell können klare Aufträge zu Beginn auch sehr hilfreich sein.

Wichtig ist mir auch, dass dem Beirat oder der Beteiligungsgruppe die Möglichkeit gegeben wird, etwas zu delegieren. Damit Mitbestimmung funktioniert, sollte auf keinen Fall das Gefühl entstehen, dass die Kinder mitbestimmen dürfen und dann alles selber machen müssen.

An bestimmten Punkten braucht es Einsichten in Budgets und Expertise der Menschen, die tief in den Strukturen der Institution stecken. Dadurch können diese Menschen ganz anders mit den Strukturen arbeiten, was ein großer Gewinn ist. Als Beispiel hilft mir die Position einer Regieassistenz. Ohne sie läuft ganz viel nicht, weil sie die Menschen und Abläufe am Theater kennt. Deswegen nennen wir die Erwachsenen in der Vertretung der jungen Perspektiven auch „Assistenz" und nicht „Leitung". An der Position geht es darum zu unterstützen und nicht die eigene Meinung draufzusetzen.

Besonders wichtig scheint mir, nicht in die Falle zu geraten, dass die Institution weniger Arbeit hat, wenn sie Jugendliche beteiligt. In der Regel entsteht dadurch erst mal ein großer Diskussionsbedarf, denn es werden Grundsatzfragen aufgeworfen, die sonst nicht gestellt worden wären. Zum Beispiel die Frage danach, wer wie professionell ein-

gebunden ist und ob es auch für Kinder und Jugendliche eine Form von Gegenleistungen für das Mitdenken und Mitarbeiten gibt. Oder an welcher Stelle die (Mit-)Arbeit von Kindern und Jugendlichen sichtbar wird. Gerade bei der Frage nach Gegenleistungen sind alle gerade sehr auf der Suche. Es gibt bisher verschiedene Lösungsstrategien: Mindestlohn, Ehrenamtsregelungen, Aufwandsentschädigungen.
Mir ist wichtig, dass Beiräte, Jugendjurys, o. ä. nicht zu einer Anhäufung kostenloser Expertise werden. Da sollten wir unseren Ausbeutungsradar auf jeden Fall anmachen.
Maike ▪ Ich finde es spannend, wie sich das Selbstverständnis erwachsener Theatermitarbeiter*innen oder Theatermacher*innen verändert und welche andere Rolle sie einnehmen, wenn sie sich nicht mehr als Leitung oder Anleitung verstehen, sondern als Assistenz, Stellvertretung, oder Begleitung. Der Fokus liegt dann darauf, eine gute Moderation der Anliegen des Beirats im Betrieb zu übernehmen und sich zugleich zu fragen, welche künstlerische Expertise angeboten, ergänzt oder vorgeschlagen werden kann, um diese Anliegen umzusetzen.

Wie geht ihr mit Scheitern um?

Anna ▪ Für mich war es ein ganz starkes Gefühl des Scheiterns, als wir als Institution im Prozess mit der „Vertretung für junge Perspektiven" sagen mussten, dass sie etwas nicht machen können, weil wir mit unseren Strukturen an eine Grenze stoßen. Wir haben damals entschieden, dass sie nicht in dem Maße mitentscheiden können, wie sie es gefordert haben. Das war eine starke Form von Machtausübung.
In einem Fall wie diesem geht es für mich dann darum, wie stattdessen ein anderer Weg weitergegangen werden kann und in Zukunft früher die Punkte zu erkennen, an denen man gegen eine Wand gefahren ist, damit man sie umgehen kann.
Mariella ▪ Es ist hart, an Strukturen zu scheitern. Ich weiß noch, dass uns Jugendliche diese Grenze in unserer Arbeit sehr zurückgeworfen hat. Aber ich fand es toll, dass wir trotzdem das Gefühl hatten, weitermachen zu können und wir ermutigt wurden, an anderen Punkten weiter zu arbeiten.
Im Nachhinein habe ich besser verstanden, warum wir an dieser Struktur gescheitert sind. Ich glaube, in so einem Fall ist es wichtig, die Struktur für die Zukunft so zu ändern, dass Jugendliche da mitbestimmen können.
Maike ▪ Für mich hat das Scheitern von Partizipation noch einen anderen Aspekt. Mitmachen, Mitgestalten und Mitentscheiden wird nicht nur im Theater gefordert und zu wenig eingelöst, es ist auch eine gesellschaftliche Forderung an das Individuum: „Ich soll überall aktiv dabei sein und mich stark einbringen. Wenn ich das nicht mache, bin ich nicht interessiert, nicht souve-

rän oder habe nicht genug Energie.“ Es gibt also auch einen gewissen gesellschaftlichen Partizipationsdruck, den das Theater ja nicht weitergeben will. Das bietet die Möglichkeit darüber nachzudenken, welche unterschiedlichen Formen von Mitgestalten und welche Möglichkeiten für Mitentscheidungen angeboten werden können.
Theater ist ja ein Spielraum und eine künstlerische Rahmung. Darin können unterschiedliche Formen von Partizipation Platz finden: Einmal diejenige, die es erlaubt, ganz stark mitzugestalten, und diejenige, die auch den Menschen Gestaltungs- und Entscheidungsmöglichkeiten gibt, die nicht bereit sind, die nicht die Kapazitäten haben oder es sich nicht zutrauen, sich persönlich stark einzubringen, z. B. durch Möglichkeiten der Wahl oder der Delegation.
Anna ▪ Daran schließt sich für mich die Frage danach an, wie optionale Räume eingerichtet werden können, zu denen Menschen Zugang haben, in denen sie sein können. Wie können sich Entscheidungsspielräume eröffnen, ohne dass es den formalen Beitritt in ein exklusives Gremium braucht?
Es müssten sich Räume auftun, die eine Offenheit haben fürs Nein-Sagen und in denen Kinder und Jugendliche sagen können: „Nee, dafür interessiere ich mich jetzt nicht“. Um sich als Institution einzustellen auf die unterschiedlichen Bedürfnisse, Lebensweisen, Lebensumstände von Kindern und Jugendlichen, könnte ein größerer Pool von Kindern und Jugendlichen immer wieder zu einer Mitgestaltung eingeladen werden. Und die Projekte finden auf verschiedenen Partizipationsstufen statt, ohne dass diese hierarchisiert werden. Im besten Falle würden so Lebensräume für Partizipation geschaffen, die sehr unterschiedlich funktionieren: teilweise spielerisch, teilweise künstlerisch, teilweise wild durcheinander ...
Maike ▪ ... ja, und teilweise temporär und teilweise dauerhaft.
Ich finde es ganz wichtig, sich immer wieder bewusst zu machen, dass die Regeln und Grenzen, die das Theater setzt, eben in der Regel die Praktiken sind, die das Theater kennt und etabliert hat. Es kann ihm darüber hinaus aber auch gelingen, sie immer wieder neu zu erfinden.

Habt ihr noch Tipps für Menschen, die Beiräte mit Kindern gründen wollen?

Anna ▪ Ich glaube, gerade für die Beteiligung von Kindern ist es wichtig, sich von der klassischen Denkweise über Arbeit zu lösen und andere Rhythmen zu finden. Zum Beispiel, indem Redezyklen sehr viel kürzer gehalten und andere Formen des Miteinander-Zeit-Verbringens gefunden werden.
Maike ▪ Keine Zurückhaltung mit der eigenen Expertise! Mit einem Rollenverständnis jenseits der hierarchischen Form der Anleitung, der Regie oder der Dramaturgie kann die künstlerische Expertise Erwachsener dennoch intensiv in Partizipationsprozesse eingebracht werden. Es braucht sie in meinen Augen, um andere Formen des Miteinanders und des Aushandelns zu gestalten.
Mariella ▪ Ich finde wichtig, dass es viel Raum gibt und dass zugehört und diskutiert wird. Außerdem muss auf jeden Fall darauf geachtet werden, wann Pausen gemacht werden sollten. Die jeweiligen Bedürfnisse der Kinder und Jugendlichen können erfragt und geachtet werden.

*Das Gespräch führten die Autor*innen am 13.12.2022*

IMPULSFRAGEN

Wer braucht den Kinderbeirat und wofür?

Auf welcher Partizipationsstufe soll der Beirat angesetzt werden?
  Wie wird das erkannt?
  Wie wird überprüft, ob das funktioniert hat?

Worauf beruft sich der Kinderbeirat? Wie verortet der Kinderbeirat sich in folgenden Diskursen?
  Kinderrechte?
  Adultismus?
  Diversity?

Wer muss in der Kulturinstitution überzeugt werden? Mit welchen Argumenten?

Was haben Kinder davon, bei dem Beirat mitzumachen?

Was haben die Mitarbeitenden der Kulturinstitution davon mitzumachen?

Wie bereiten (erwachsene) Beteiligte sich und Mitarbeitende auf Beiratsarbeit inhaltlich vor?

Wie wird sich mit Adultismus und Kinderrechten (einzeln und in gemeinsamer Diskussion) auseinandergesetzt?

Wer berät wen?

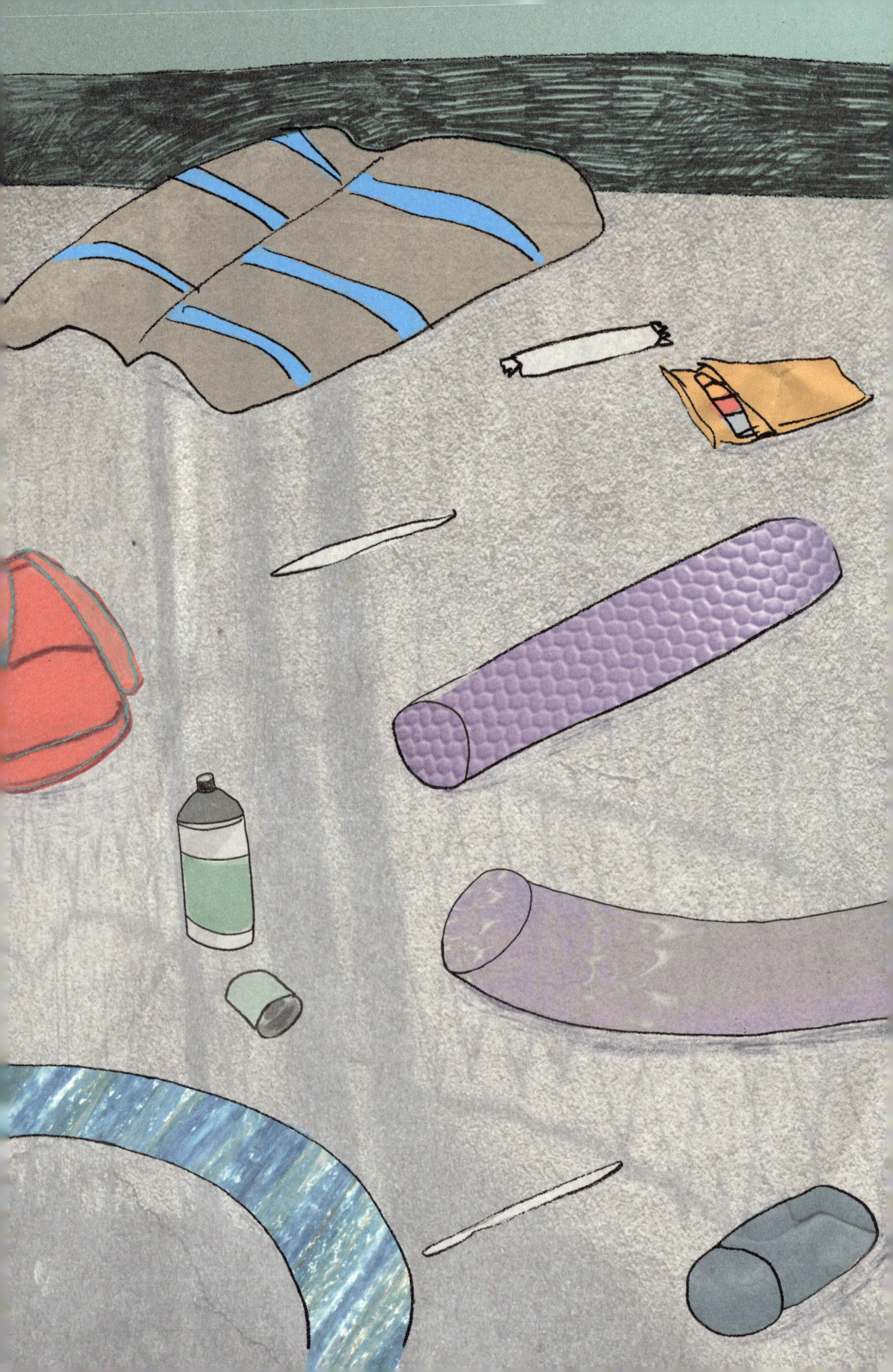

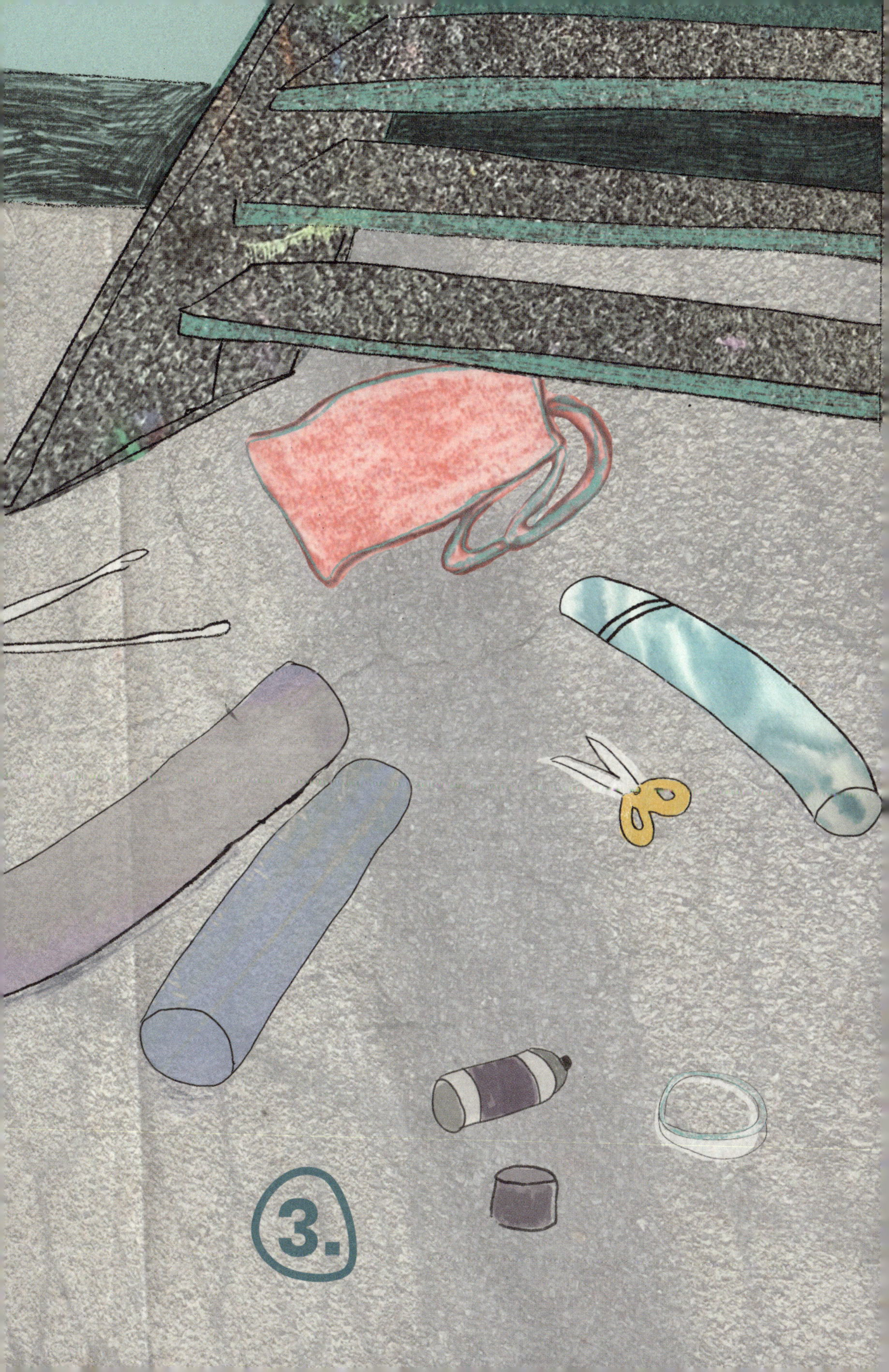
3.

Was braucht Beiratsarbeit von Erwachsenen?

In vielen Anträgen wird gefragt: „Was lernen Kinder in diesem Projekt, welche Kompetenzen erlangen sie?“ In diesem Kapitel drehen wir diese Frage um und fragen, was es von Erwachsenen an Kulturinstitutionen braucht, um Mitbestimmung von oder partizipative Prozesse mit Kindern möglich zu machen. Im Fokus der Betrachtung stehen dabei vor allem die Reflektion der eigenen Haltung von Erwachsenen in Beiratsprojekten und die Wünsche von Kindern an Erwachsene.

Auf der KinderTheaterKonferenz 2022 zum Thema Kinderrechte am GRIPS Theater haben wir 54 Kinder gefragt, was sie sich von Erwachsenen im Umgang mit ihnen wünschen. Das Ergebnis ist eine Statementsammlung, ein HOW TO DEAL WITH US geworden, das im Folgenden zu lesen ist. Die Forderungen der Kinder gehen dabei weit über den Kontext Theater hinaus und betreffen das Verhältnis von Kindern und Erwachsenen in allen Lebensbereichen.

Unter HALTUNG ZEIGEN laden wir ein, sich mit der eigenen Haltung und Rolle als erwachsene Person in Beiratsprojekten auseinanderzusetzen. In vielen (theaterpädagogischen) Projekten werden Erwachsene oft in der Rolle der Leitung oder Spielleitung angesprochen. In Formaten wie Kinderbeiräten lohnt es sich diese Bezeichnung in Hinblick auf die eigene Haltung und das Verhältnis von Verantwortung und Machtabgabe zu hinterfragen und Raum für Aushandlung darüber zu schaffen.

How to deal with us!

Kinder stellen Forderungen an Erwachsene

Die folgenden Statements sind im Rahmen der KinderTheaterGesellschaft im Herbst 2022 entstanden. In vier Gruppen wurden sie von den Autor*innen im Alter von neun bis dreizehn Jahren im GRIPS Theater gesammelt und von Mitgliedern der ehemaligen KinderTheaterBeiräte ergänzt.

Autor*innen

Alice, Amnon, An-Nhien, Anna, Atay, Carlotta, Cassandra, Cosima, Deniz, Ella, Emily, Felia, Hana, Helene, Igballe, Jette, Jolanda, Julia, Julie, Justin, Kaan, Kiara, Luke, Leah, Lena, Lennox, Levy, Linda, Lotti, Luis, Lukea, Madita, Mai, Marie, Mateo, Mia, Mia, Mila, Milan, Mine, Mir, Mona, Nike, Pauliana, Rayan, Razen, Sara, Shira, Shirali, Sophie, Tom, Vinzenz, Rose, Yuri

Was wir **unbedingt** brauchen

WIR BRAUCHEN LIEBE UND AUFMERKSAMKEIT.

Erwachsene sollen uns wahrnehmen.

Erwachsene sollen auf uns Kinder hören.

Erwachsene sollen akzeptieren, dass wir uns verändern.

Erwachsene sollen mitkriegen, dass wir uns verändern.

„Nur weil die Jungs irgendwann mal in Mathe besser waren, muss man nicht immer noch sagen, dass sie es sind, obwohl es nicht mehr stimmt."

WIR BRAUCHEN GERECHTIGKEIT UND GLEICHBERECHTIGUNG.

Jedes Kind ist anders und das soll man merken.

Erwachsene sollen nicht Kindern etwas zuschreiben,
obwohl sie noch nie mit ihnen geredet haben,
nur weil sie Kinder sind.

Erwachsene sollen uns nicht mit anderen vergleichen.

~~„Die Gruppe ist die schrecklichste."~~

~~„Guck dir das mal von der an."~~

Entweder dürfen im Streit alle schreien
oder alle müssen netter sein.

Jungs und Mädchen sollen gleichberechtigt werden.

~~„Kein Wunder, dass die Jungs gewonnen haben, Jungs sind ja auch besser als Mädchen."~~

Erwachsene sollen keine Lieblingskinder haben.

WIR BRAUCHEN MITBESTIMMUNG.

Erwachsene sollen nicht einfach über Kinder bestimmen.

Erwachsene sollen nicht so tun, als ob sie alles wüssten.

WIR BRAUCHEN RESPEKT.

Erwachsene sollen uns und
unseren Eindruck akzeptieren.

„Ich finde, es ist aufgeräumt."

Erwachsene sollen uns ausreden lassen.

Erwachsene sollen „Tschüss" sagen,
wenn sie gehen.

Erwachsene sollen uns auch an öffentlichen
Orten respektvoll behandeln.

Erwachsene sollen nicht schlecht über
Kinder reden – auch wenn sie nicht da sind,
(z. B. dass wir nerven oder so).

Wir wollen gerade als Mädchen
von Männern respektiert werden.

„Wir sind nicht dafür da, um zu gefallen."

WIR BRAUCHEN PRIVATSPHÄRE.

Erwachsene sollen uns nicht wegnehmen, was uns gehört (z. B. unser Smartphone).

Erwachsene sollen nichts über Kinder zu anderen sagen, ohne zu fragen. Ihr könnt uns damit verletzen.

WIR BRAUCHEN FREIHEIT UND VERTRAUEN.

Erwachsene sollen Kleinigkeiten
von Wichtigem unterscheiden.

„Ihr müsst nicht sauer werden, wenn Kinder was falsch machen, vergessen oder einfach nicht machen wollen. Dann fühlen wir uns schlecht, weil wir angemotzt wurden und wollen es noch weniger."

Wir brauchen Vertrauen, dass wir was können
und auf uns aufpassen können.

„Es sind 1000 Menschen auf der Straße und ich bin mit Freunden unterwegs. Der eine kann Karate und wir wissen genau, wen wir was fragen können! Was soll mir schon passieren?"

Sprecht direkt mit uns.

„Kannst Du bitte ‚Bitte' sagen" statt
~~„Wie heißt das Zauberwort?"~~

„Könntest Du bitte den Fernseher ausmachen" statt
~~„Fernsehen macht viereckige Augen."~~

Erwachsene sollen nicht jetzt
schon unser Erwachsenenleben planen.
Wir haben noch voll viel Zeit.

~~„Wie willst du, wenn du mal in einer WG wohnst, überleben, wenn du nicht abwaschen kannst."~~

WIR BRAUCHEN ZEIT UND RUHE UND SPIELE.

Erwachsene sollen uns mehr Zeit lassen,
um Dinge zu machen.

Erwachsene sollen uns in Ruhe lassen,
um runterzukommen
(z. B. nach der Schule oder nach einem Streit).

Wir brauchen Zeit zum Spielen, uns
zu unterhalten, oder Infos zu bekommen
(auch am Smartphone).

Erwachsene sollen nicht immer so viel Stress machen.

In den Ferien und am Wochenende
sollte wirklich frei sein.

„Wir wollen da nicht die ganze Zeit
weiter lernen."

Erwachsene sollen ruhig mal
was mit uns zusammen machen.

WIR BRAUCHEN KEIN DRAMA UND KEINE LÜGEN.

Wir können nichts lernen, wenn Erwachsene immer ein Drama draus machen, wenn wir was nicht oder falsch gemacht haben. Helft uns lieber!

Erwachsene sollen keine Geschichten erzählen, die nicht stimmen, um uns Angst zu machen, oder uns zu etwas zu bringen, was sie wollen.

~~„Wenn du nicht aufräumst, kommt das Müllmonster!“~~

Geschichten, die nicht stimmen, sind okay, wenn sie gute Gefühle machen. Ihr könnt auch sagen, dass jede*r selbst entscheidet, ob das wahr ist oder nicht (z. B. der Weihnachtsmann).

Erwachsene sollen ehrlich sein und nicht schummeln.

Erwachsene sollen nicht bei anderen Erwachsenen netter tun, als sie sind.

„Wie die Lehrerin, die zu den Eltern sagt, dass sie etwas ändert, aber zu uns Kindern immer gleich doof ist.“

WIR BRAUCHEN LOB.

Erwachsene sollen uns sagen, was wir besser machen können, statt was wir schlecht machen.

Erwachsene sollen uns nicht so viele Belohnungen geben, dann machen wir es nur weil wir was kriegen und nicht weil wir es wollen.

WIR BRAUCHEN, DASS ES PASST.

Erwachsene sollen verständlich sprechen und nicht immer Fachbegriffe nehmen.

Erwachsene sollen überlegen, was zu uns und unserem Alter passt.

„Ihr sollt uns keine Geschichten für Kleinere erzählen, so wie ~~„Mit den Rasseln könnt ihr Geister verjagen“~~, wenn wir schon 11 sind. Oder so tun, als müssten wir philosophische Fragen beantworten können, obwohl wir erst 8 Jahre sind.“

Erwachsene sollen Kindern Sachen erklären, hingucken und gerecht sein.

Was **nicht** passieren darf

~~Gemein sein~~

~~Hauen~~

~~Ausnutzen~~

„Hört auf, Kinder alles machen zu lassen, wozu ihr keine Lust habt – Haushalt und so.“

~~Erpressen~~

~~Drohen~~

~~Ein Kind bevorzugen~~

~~Bloßstellen~~

„Erwachsene sollen niemanden dran nehmen, oder etwas fragen, wenn klar ist, dass wir nicht aufgepasst haben; oder private Sachen vor allen teilen, so wie Zettel vorlesen.“

~~Ausschließen~~

„Erwachsene sollen niemanden vor die Tür stellen. Da braucht ihr ein besseres System!“

~~Nicht akzeptieren, dass wir etwas wollen oder nicht wollen, oder dass wir uns verändern.~~

~~Anfassen, obwohl ich es nicht will~~

„Immer wenn ich mit meiner Oma Straßenbahn fahre, hält sie mich am Kragen fest. Ich hasse das.“

~~Wenn zwei Mist bauen, die ganze Gruppe anschimpfen.~~

~~Gleich motzen, schimpfen und losschreien, wenn wir was falsch gemacht haben.~~

~~Auf den Tisch hauen.~~

~~Erwachsene, die quatschen und nicht hingucken, wenn Kinder einander verhauen.~~

~~Zu viele Sorgen machen.~~

~~Euch selbst nicht dran halten, was ihr sagt.~~

„Erwachsene sollen nicht sagen
~~„Ihr müsst nur ein bisschen lernen“~~
und dann viele
Arbeitsblätter raussuchen.“

~~Immer wieder wiederholen, dass sie was wollen.~~

~~Nicht einsehen, dass wir etwas besser wissen.~~

„So wie die Vertretungslehrerin,
die nicht glauben will, dass wir Mathe
schon gemacht haben;
oder die Erwachsenen, die nicht fassen
können, dass wir richtig viel über
den Pfauenfangschreckenkrebs wissen.“

~~In Angelegenheiten von Kindern mitquatschen.~~

~~Sagen, wen wir wählen sollen, wenn wir groß sind.~~

WIR BRAUCHEN KEINE DOOFEN SPRÜCHE.

~~„Bei uns Erwachsenen ist das doch was anderes."~~

~~„Ich weiß mehr als du."~~

~~„Hört auf zu diskutieren!"~~

~~„Jetzt reicht es aber mal!"~~

~~„Aber aber – nicht aber …"~~

~~„Wir sind die Chefs."~~

~~„Das ist fertig in 3 – 2 – 1.“~~

~~„Schrei mich nicht an”, obwohl wir nicht schreien.~~

~~„Das mochtest du doch früher auch.“~~

~~„Du bist aber süß!“~~

~~„Du bist aber groß geworden!“~~

~~„Wenn die anderen von der Brücke springen,~~
~~springst du dann auch?“~~

~~„Andere Familien, andere Regeln.“~~

~~„Hast du sie noch alle?“~~

~~„Ist nicht mein Problem, wenn du das nicht lernst.“~~

~~„Kein Wunder, dass du ...“~~

~~„Warte bis du 14 bist!“~~

~~„Da kannst du dir ‘ne Scheibe von abschneiden.“~~

~~„Nimm dir ein Beispiel an ...“~~

Was, wenn es doch passiert

Ihr sollt euch direkt entschuldigen,
wenn ihr was Doofes gemacht habt
(z. B. ~~„Halt die Klappe“~~ sagen).

„Meine Mama sagt z. B.:
‚Ich hab dich lieb, obwohl ich dich anschreie.‘
Das verstehe ich gut.“

Wenn wir Ungerechtigkeiten ansprechen,
sollt ihr nicht sauer werden.

Statt auszurasten, könntet ihr sagen: „Ich hatte einen schlechten Tag, könntest du bitte …“
Wir haben ja Verständnis. Ausrasten ist keine Lösung.
Ihr könnt mit und über eure Probleme reden.
Dann verstehen wir besser, warum ihr so drauf seid.
Und wenn man was ausspricht, fühlt man sich leichter. Wir Kinder reden ja auch mit Erwachsenen bei Problemen – das geht auch andersherum.

Ihr macht uns Stress, wenn ihr immer sagt: ~~„Keine Zeit“~~ oder ~~„Mach schnell“~~, stattdessen könnt ihr euch entschuldigen: „Tut mir leid, ich bin jetzt sehr im Stress. Und ich krieg es gerade nicht unter Kontrolle“. Und dann können wir danach nochmal drüber reden.

Nehmt Euch ruhig mal eine Stunde frei, um über Probleme oder den eigenen Mist zu reden.

Was wir uns sonst noch wünschen und Tipps

Meistens gibt es ja eine andere Perspektive von Kindern, die auch wichtig ist.

Erwachsene sollten mit uns auf Augenhöhe reden, sollten dabei aber schon in der Position des Erwachsenen bleiben. Wenn sie sich auf unser Alter begeben, fühlen wir uns verarscht.

Es ist oft so, dass Kinder ungewollt etwas lustiges sagen und die Erwachsenen lachen, dann geht das Selbstbewusstsein weg und wir wollen nichts mehr sagen.

Wenn wir Probleme haben, fragt erstmal, was bei uns los ist, statt gleich zu helfen. Wenn wir keine Ideen haben, schlagt uns welche vor.

Denkt über Beleidigungen mal lieber nach.

Denkt lieber nach, bevor ihr schreit.

Ihr könnt uns einfach nett bitten, zuzuhören, statt gleich auszurasten.

Ihr sagt etwas laut, damit wir es besser verstehen. Aber wir verstehen es nicht besser, wenn ihr laut seid.

Wenn wir Stress haben, sollen Erwachsene uns Zeit lassen, um alleine runterzukommen.

„Wenn ihr uns immer weiter anschreit oder nachfragt, dann rasten wir nur noch mehr aus."

Erwachsene sollen verstehen wollen, was genau wir wollen und sagen, wenn sie das nicht wollen. Dann können wir eine Lösung suchen, die beide okay finden.

„Es ist z. B. blöd sich als Außenseiter*in zu fühlen, weil wir kein Smartphone bekommen. Dann können wir nicht mitreden. Wir könnten ja Spiele sperren, oder Einstellungen verändern, oder regelmäßig gemeinsam reingucken oder so."

Vergleiche mit Älteren oder eurer Kindheit bringen gar nichts. Das war ein anderes Zeitalter. Die Welt dreht sich mega schnell.

Sagt lieber, was wir noch dürfen, als was wir jetzt lassen müssen.

„Du darfst noch bis 20 oder 21 Uhr lesen, scrollen oder so“ statt ~~„Du musst um 19 Uhr ins Bett!“~~

Auch wenn ihr beschäftigt seid, hört doch mal kurz richtig zu.

„Mein Papa sitzt voll oft am Handy und antwortet mit ja oder nein, ohne hochzugucken und ohne nachzudenken.“

Probiert doch mal die Tipps selber aus, die ihr uns gebt (z. B. ein Tag ohne Smartphone).

Sagt doofe oder private Dinge nicht vor der ganzen Gruppe. Lieber am Ende alleine. Manche Kinder macht das richtig traurig und wütend.

Wenn wir einen Lachanfall haben, nicht vor allen fragen, was so witzig war, um mitzulachen – vielleicht war es was Privates.

Erwachsene sollen fragen, ob sie Sachen über uns sagen dürfen.

„Wenn vor der Gruppe z. B. über Schwächen und Stärken gesprochen wird, also wer was gut kann und wer was nicht so gut kann."

Wenn ein Erwachsener sich im Gespräch runterbeugt, weil das Kind kleiner ist, ist das unangenehm.

Erwachsene sollten nicht ihre Unsicherheiten verstecken.

Haltung zeigen! Beiratsbegleitung von Erwachsenen

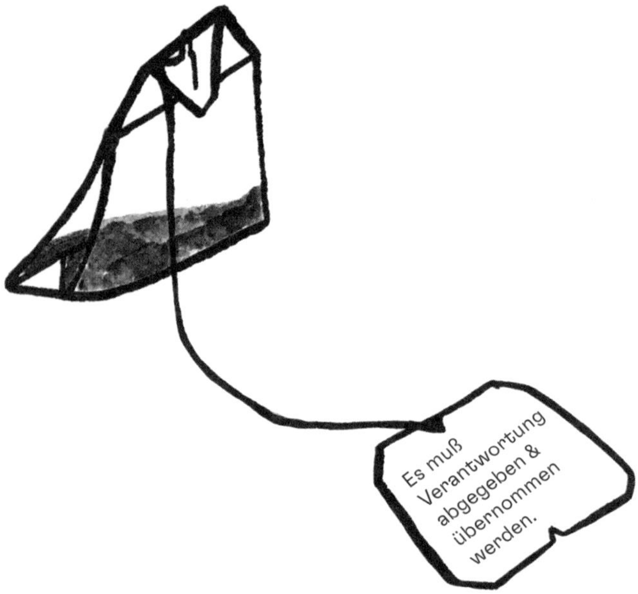

Wir haben uns als erwachsene Beteiligte des KinderTheaterBeirats am GRIPS gefragt, welche Rollen wir in einem Kinderbeirat innehaben. Was müssen wir lernen bzw. verlernen? Wie schaffen wir es, Macht abzugeben, aber trotzdem in der Verantwortung zu bleiben und unsere künstlerischen Expertisen als Ressource zur Verfügung zu stellen und einzubringen? Hier ist ein Versuch, unsere Antworten auf diese Haltungsfragen zu formulieren.

Wie gehen wir mit Macht um?
Es ist hilfreich, uns immer wieder bewusst zu machen, dass es ein weiter Weg ist, die bestehenden Sorge- und Hierarchiestrukturen zwischen Kindern und Erwachsenen – in denen wir die Mächtigen sind – aufzulösen. Die Macht, die wir haben, können und wollen wir dafür nutzen, ein gleichberechtigtes Miteinander herzustellen. Wir wissen, dass das noch nicht in Gänze möglich ist, sondern zunächst immer eine Annäherung bleiben wird. Diesen Annäherungsprozess verstehen wir als ständige Aufgabe.

Wie schauen wir auf die Gruppe und Gruppendynamiken?
Wir vertrauen auf den Prozess, den wir als Gruppe aus Kindern und Erwachsenen gemeinsam gestalten. Wir glauben, dass im gemeinsamen Aushandeln und Probieren die Erfahrung von Scheitern genauso wertvoll ist, wie die des Erfolgs. Mit dieser Haltung schaffen wir einen Raum der Fehlerfreundlichkeit und des lustvollen Experimentierens. Auf der Beziehungsebene können so Vertrauen und Sicherheit entstehen. Auch das Abgeben von Verantwortung und Fürsorge an Einzelne oder die Gruppe kann Sicherheit schaffen, ebenso wie die Übernahme von Verantwortung durch Erwachsene. Mit einer sicheren Beziehungsbasis werden Verunsicherungen im Prozess und das Hinterfragen gewohnter Sichtweisen produktiv.

Wie schauen wir auf das einzelne Kind?
Wir vertrauen darauf, dass Kinder ihre Welt selbst gestalten können. Wir nehmen ihre Meinungen, Anregungen und Ideen z. B. zu bestimmten Themen oder zu künstlerischen Prozessen ernst. Wir wertschätzen alle Kinder und Erwachsenen mit ihrer jeweils ganz eigenen Art und Weise, Teil der Gruppe zu sein, mit ihrem Handeln und ihren spezifischen Bedürfnissen. Wir versuchen stets, die Gefühlswelten aller Beteiligten nachzuvollziehen, ernst zu nehmen, zu würdigen und angemessen auf sie zu reagieren.

Was heißt für uns Selbstbestimmung?
Alle machen freiwillig mit. Jede*r kann in jedem Treffen und bei jeder Aktion selbstbestimmt mitmachen oder auch nicht. Uns ist wichtig, alle notwendigen Informationen zur Verfügung zu stellen, damit Entscheidungen selbstbestimmt getroffen werden können.

Wie gehen wir mit Entscheidungen um?
Wir bemühen uns, unsere inhaltlichen und organisatorischen Entscheidungen transparent zu machen, damit immer alle wissen, weshalb wir sie getroffen haben. So können alle aus der Gruppe Entscheidungen anzweifeln, befragen und verändern. Gemeinsame Entscheidungen und Standpunkte handelt die Gruppe aus, dabei verstehen wir Konflikte nicht als Störung, sondern wertschätzen sie als Teil eines Prozesses. Alle wägen ab, analysieren und treffen für sich Entscheidungen – auch wir Erwachsenen.

Wie kommunizieren wir?
Wir wollen sagen, was wir machen und machen, was wir sagen. Wir wollen keine uneindeutigen Signale senden. Wir nehmen uns regelmäßig Zeit für Reflexion. Kinder und Erwachsene geben einander Rückmeldungen und können so lernen.

IMPULSFRAGEN

Welches Bild von Kindheit und Kindern haben die (erwachsenen) Beteiligten? Wie thematisieren sie es?

Welches Bild von Erwachsensein haben die (erwachsenen) Beteiligten? Wie thematisieren sie es?

Welches künstlerische und pädagogische Selbstverständnis haben erwachsene Beteiligte?
Welche (künstlerische) Expertise können und wollen (erwachsene) Beteiligte einbringen? Wie thematisieren sie diese?

Wie werten erwachsene Beteiligte Macht von Erwachsenen über Kinder? Wie thematisieren sie diese?

Welchen Raum geben erwachsene Beteiligte dem eigenen Erleben von Unsicherheiten im Kontakt mit Kindern?

Mit welcher Funktion begleiten Erwachsene den Beirat?
Wie beschreiben erwachsene Beteiligte ihre Haltung gegenüber Kindern?

Welche Bezeichnung geben sich erwachsene Beteiligte im Beirat, welche den Kindern? Welche Rückschlüsse erlaubt dies auf den Beteiligungsgrad der Kinder?
Wie gehen (erwachsene) Beteiligte mit unterschiedlichen Wissens- und Kompetenzständen von Mitarbeitenden und Kindern um? Wie thematisieren sie diese?

Wie gehen (erwachsene) Beteiligte mit bestehenden Machtverhältnissen um? Wie machen sie diese transparent?
Wie und von wem werden die erwachsenen Beteiligten ausgewählt?

4.

Wo setzt Beiratsarbeit an?

Im Rahmen der verschiedenen Beiratsprojekte am GRIPS Theater konnten wir ganz praktisch erproben, wo ein Kinderbeirat strukturell und inhaltlich überall anknüpfen kann. In unserer Arbeit wurde vor allem deutlich, wie sehr sich Beiräte an den Gegebenheiten der jeweiligen Institution orientieren müssen. Hier wird nicht nur *in*, sondern *mit* der vorhandenen Personal-, Infra- und Finanzstruktur gearbeitet. Darin unterscheiden sich Beiräte stark von herkömmlichen Angeboten für Kinder und Jugendliche an Kulturinstitutionen.

Ausgehend von den Erfahrungen am GRIPS Theater, wollen wir in diesem Kapitel eine kurze Orientierung geben, welche Spielfelder wir für Beiratsarbeit an Kulturinstitutionen sehen. So setzt Beiratsarbeit auf jeden Fall IN DEN KÖPFEN aller Beteiligten an, da die Auseinandersetzungen mit Machtstrukturen und das Schaffen von Begegnungsräumen für Kinder und Erwachsene unumgänglich ist. Unter den Überschriften, IN PROGRAMMENTSCHEIDUNGEN, AN KONKRETEN ORTEN, IN PRODUKTIONSPROZESSEN und AUF REPRÄSENTATIVEN VERANSTALTUNGEN werden konkrete strukturelle und inhaltliche Anknüpfungspunkte für Beiräte beschrieben. Unser Blick richtet sich dabei ausdrücklich auf Kinderbeiräte, auch wenn sich viele Punkte auf Jugendbeiräte oder andere Mitbestimmungsformate übertragen lassen.

IN DEN KÖPFEN

Das Verhältnis von Kindern und Erwachsenen wird mit kontinuierlicher Beiratsarbeit ein wenig verschoben. Begegnungen entstehen, wenn nicht komplett außerhalb, so doch abseits von bekannten Sorgen- und Hierarchiestrukturen. Dafür braucht es viel Basisarbeit, die unserer Ansicht nach vor allem darin liegt, Räume zu schaffen, in denen sich Erwachsene und Kinder möglichst ehrlich begegnen können. Dies erfordert einen langen Atem und die Bereitschaft, eigene Unsicherheiten auszuhalten und anzusprechen. Wenn Erwachsene und Kinder sich begegnen und nicht allen immer klar ist, wer wen berät, wer Expertise einbringt und wer welche Verantwortung für wen trägt, müssen alle sich selbst und ihr Verhältnis zueinander befragen.

Mehr dazu S. 119: KOMMUNIZIEREN
und S. 127: SICH AUSTAUSCHEN

Fragen nach Macht, dem eigenen Konzept von Kindheit, dem Bild von der eigenen künstlerischen Expertise und dem Bild davon, was Erwachsensein eigentlich ausmacht, drängen sich auf und können nur gemeinsam beantwortet werden. Diese gemeinsam formulierten Antworten sind unserer Ansicht nach elementar für Kunst- und Kultureinrichtungen, die sich an ein junges Publikum richten. Deswegen brauchen entsprechende Institutionen dringend die Expertise von Kindern und Jugendlichen und nicht umgekehrt.

IN PROGRAMMENTSCHEIDUNGEN

Die schwerwiegendsten Entscheidungen in Kunst- und Kulturinstitutionen werden bei der Programmgestaltung getroffen. Welche Künstler*innen werden angefragt? Welche Themen verhandelt? Welche Formate für welches Publikum gewählt? Das Programm (mit-)bestimmen zu können, ist neben Fragen nach Einstellungen und Kündigungen das größte Maß an Macht, das es in Kulturinstitutionen gibt. Wenn Kulturinstitutionen sich entscheiden, an dieser Position einen Beirat zu verorten und Kinder mit- oder gänzlich selbst entscheiden zu lassen, wird an entscheidender Stelle Macht geteilt. Mit Fragen des Programms gehen immer auch finanzielle Fragen des Betriebs sowie kuratorische Entscheidungen einher. Diese Entscheidungsmacht und ggf. einen Teil des eigenen Etats abzugeben, erfordert viel Mut und Rückendeckung.

Damit es gelingt, dass Kinder auch in Fragen der Programmgestaltung einbezogen werden, ist es unserer Ansicht nach wichtig, betriebsintern eine starke Lobby zu haben und den Rahmen der Mitbestimmung sehr klar abzustecken. Gute Ansatzpunkte sind da eine (oder mehrere) Produktion(en) oder ein Ort (z. B. ein Ausstellungsraum oder eine Spielstätte), der komplett von Kindern verwaltet werden kann.

Unserer Erfahrung nach ist es dabei besonders wichtig, die Planungszyklen der Institution gut abschätzen zu können, sodass die Ergebnisse von Entscheidungen für die Kinder noch spürbar sind. Das heißt, sie sollten das Stück oder die Ausstellung im besten Fall noch im gleichen oder maximal im nächsten Jahr sehen oder begleiten können. Ist eine Überschaubarkeit bzw. Transparenz über die Zeiträume der Umsetzung gewährleistet, ist die Gestaltung oder die Mitbestimmung über das Programm bzw. über einzelne Positionen absolut erstrebenswert für Kinder, die Institution und das Publikum.

AN KONKRETEN ORTEN

Wo fühlen sich Kinder wohl? Wie muss eine Kunst- und Kultureinrichtung für junges Publikum aussehen, an der sich Kinder und Jugendliche gerne aufhalten? Was brauchen Kinder und Jugendliche, um im Theater, im Museum, in der Kinderoper, in einer Jugendkunst-, Tanz- oder Musikschule aktiv werden zu können, um in Kontakt zu kommen oder um einfach zu entspannen?

Kinder und Erwachsene haben oft klare Vorstellungen davon, was sie an Orten brauchen und was fehlt. Für einen Kinderbeirat braucht es im Idealfall einen Ort, der als eigene Zentrale verstanden wird (Probebühne, Workshopraum o. ä.). Zudem sollten hier Kinder mit erwachsenen Kunstschaffenden auch nebenbei in Kontakt kommen können.

Mehr dazu S. 131: MITGESTALTEN

In der freien Gestaltung dieser Räume kann die eigene Handlungsmacht für Beiratskinder direkt spürbar werden. Zugleich lässt sich auch erproben, wie mit der Macht umgegangen werden will, z. B. anhand von Fragen wie „Wie sollen andere Nutzer*innen der Räume mit in die Entscheidungen einbezogen werden?“ Egal ob es um die Gestaltung einer ‚Beiratszentrale‘ geht, das Foyer, einen Werk- oder Bühnenraum – es lohnt sich, die Expertise der Kinder einzubeziehen und sie Konzepte entwickeln und ggfs. auch selber umsetzen zu lassen.

IN PRODUKTIONSPROZESSEN

Ein nicht zu unterschätzendes Wirkfeld ist es unserer Ansicht nach, die Expertise von Kindern in professionelle Produktionsprozesse einfließen zu lassen. Dabei geht es uns nicht um eigene Produktionen von Kindern, wie in Spielclubs am Theater, sondern um eine Beratung von etablierten erwachsenen Künstler*innen durch Kinder. Dabei kann es hilfreich sein zu überlegen, wie Künstler*innen da abgeholt werden können, wo sie stehen, z. B. was die Sprache und den Habitus angeht, in dem Besprechungen von Konzepten, Proben oder Ähnlichem stattfinden.

Es ist eine Herausforderung, den Kontakt zwischen erwachsenen Künstler*innen und Kindern so zu gestalten, dass ein kreativer Austausch geschieht. Je punktueller dieser ermöglicht wird, desto kleiner, je kontinuierlicher, desto größer sind Wirk- und Reibungsflächen.

Unter STELLUNG NEHMEN beschreiben wir konkreter, wie es aussehen kann, Kinder z. B. in professionelle Entwicklungen von Theaterstücken einzubeziehen. Je nach Ansatzpunkt können Beiratskinder die Ergebnisse der eigenen Beratung schnell und sichtbar spüren.

VORTEILE & LERNEN → FÜR BEIDE SEITEN!

Dabei stellt sich für uns auch die Frage, inwiefern diese Beratungsleistung in (Begleit-)Materialien rund um das entstandene Werk sichtbar gemacht werden können.

Indem Kinder die verschiedenen Menschen und Funktionen kennenlernen, die an der Entstehung eines Werkes beteiligt sind, bekommen sie einen Eindruck davon, wie viele kleine und große Entscheidungen dies beinhaltet. Unserer Erfahrung nach ist es für alle Produktionsbeteiligten immer wieder wertvoll, bereits im Probenprozess von dem tatsächlichen Zielpublikum zu erfahren, wie sie die Inszenierung wahrnehmen. Dabei ist es essentiell, alle Erwachsenen und Kinder gut darauf einzustellen, wie viele Rückmeldungen zu welchem Zeitpunkt noch aufgenommen und umgesetzt werden können. Denn es ist wichtig, den realistischen Einfluss der eigenen Beratung treffend einschätzen zu können, um nicht enttäuscht zu werden oder sich nicht ernst genommen zu fühlen.

AUF REPRÄSENTATIVEN VERANSTALTUNGEN

Mitglieder eines Kinderbeirats müssen nicht auf Bühnen zu sehen sein. Aber natürlich können sie das. Zum Beispiel als Repräsentant*innen des Hauses, an dem sie tätig sind, indem sie Galen moderieren, bei Festakten sprechen oder Kunstwerke besprechen. Genauso kann es Formate geben, in denen sie ihre Tätigkeit, ihre Ergebnisse und ihre Fragen einem Publikum vorstellen. Oder sie selbst schaffen sich Anlässe, um auf der Bühne zu stehen, ihre Kunst zu präsentieren oder zu moderieren. Ob diese Formate live, im Netz oder hybrid stattfinden, ist stark abhängig von der Institution und kann auch frischen Wind in eine Institution bringen. Zugleich können und müssen die öffentlichen Aktionen des Beirats unserer Ansicht nach auch immer in der Öffentlichkeitsarbeit mitgedacht werden.

Mehr dazu S. 135: SICHTBAR SEIN

Aus verschiedenen Gründen waren am GRIPS Theater die Grenzen zwischen Kinderclub-Spieler*innen und Beiratsmitgliedern mitunter fließend. Wie sich zeigte, war es gut möglich, dass Kinder, die bereits in anderen Formaten aktiv waren, auch Beiratsarbeit machten. Zugleich hat das Angebot eines Beirats in unserem Fall vor allem Kinder angezogen, die nicht zwingend selbst schauspielern oder öffentlich künstlerisch tätig sein wollten. Beiräte bieten die Chance, dass auch Kinder aktiv werden können, die im ersten Moment weniger Zutrauen in das eigene künstlerische Schaffen haben.

Mehr dazu S. 127: SICH AUSTAUSCHEN

ES HAT SICH GUT ANGEFÜHLT ALS GRUPPE UNTERWEGS ZU SEIN & DANN MIT DEN ERWACHSENEN ZU REDEN.

IMPULSFRAGEN

Wie wird bestimmt, worüber der Beirat entscheiden kann und wo sie beraten? Wie wird das thematisiert?

Wie und wann werden Ergebnisse von Entscheidungen oder Beratungen für Kinder spürbar?

Wie werden Ziele, Grenzen und Chancen des Kinderbeirats gemeinsam von Kindern und Erwachsenen besprochen und verbindlich festgehalten?

Wie verhält sich der Kinderbeirat zu Programmentscheidungen? Wie wird das thematisiert?

Wo halten Kinder sich auf, wo Erwachsene, wo alle gemeinsam? Wie können diese Räume gestaltet werden?

Wie werden Kinder in künstlerische Prozesse mit professionellen Künstler*innen eingebunden?

An welchem Zeitpunkt kann der Beirat in einen professionellen Produktionsprozess einsteigen?

Wo wird die Arbeit des Kinderbeirats sichtbar in der Kulturinstitution und in der Öffentlichkeit?

Welche Anlässe gibt es an der Kulturinstitution, bei denen die Repräsentanz der Kinder wichtig wäre?

5.

Wie konzipieren und organisieren?

Ausgehend von unseren Erfahrungen wollen wir in diesem Kapitel Hilfestellungen für die Planung und Organisation eines Kinderbeirats geben, wie wir sie uns selbst zu Beginn unserer Arbeit gewünscht hätten. Dafür beschreiben wir kurz und übersichtlich jeden Schritt in unserer Planung und welche Konsequenzen sich in den Beiratsprojekten am GRIPS Theater daraus ergeben haben. Dazu gehört u. a., welche Kinder und Erwachsenen dabei waren oder unserer Ansicht nach hätten sein sollen, welches Verhältnis wir zum GRIPS Theater hatten, welchen Motive und Ziele wir verfolgt haben, in welche zeitlichen Rahmen die Kinderbeiräte stattgefunden haben, sowie was es im Umgang mit Geld und mit rechtlichen Fragen zu beachten gilt. Zu diesen Themen haben wir am Ende des Kapitels jeweils Checklisten angehängt. Die Checklisten sowie die Erfahrungsberichte und Reflexionen erheben dabei absolut keinen Anspruch auf Vollständigkeit, sondern sollen zur Inspiration dienen und dazu einladen, sie zu erweitern, zu kürzen oder anderweitig anzupassen.

Jede Kulturinstitution ist anders und hat Eigenheiten, die jeweils spezifische Chancen und Fallstricke bergen können. Jedes Projekt baut auf anderen Projekten auf, die es stärken und kontextualisieren. Alle Personen, die mitwirken, haben andere Erfahrungen mit Mitbestimmung, Kontakt mit Kindern und der jeweiligen Struktur. Dieser Erfahrungsschatz kann eine wertvolle Fundgrube für gelungene Beiratsarbeit sein. Denn Beiratsarbeit ist Strukturarbeit und das bedeutet, dass ein Netzwerk aufgebaut werden muss. Verbindungen müssen geknüpft und Menschen dabei gehalten werden.

Wir haben in allen Beiratsjahren sehr situativ gearbeitet, d. h., jede neue Gruppe brachte andere Schwerpunkte, Interessen und Herausforderungen mit sich. Stets war dies abhängig von den jeweiligen Beiratskindern, den erwachsenen Beteiligten am Beirat und den Angeboten und Aktionen rund um das GRIPS Theater, die es zu dieser Zeit gab. Dadurch haben wir viele verschiedene Möglichkeiten von Beiratsarbeit ausprobiert, fallen gelassen, wieder aufgenommen und neu erfunden.

Um besser einordnen zu können, auf welchen Erfahrungen unsere Ideen und Gedanken basieren, folgt hier zunächst ein Überblick über unsere organisatorischen und inhaltlichen Eckpfeiler der letzten Jahre.

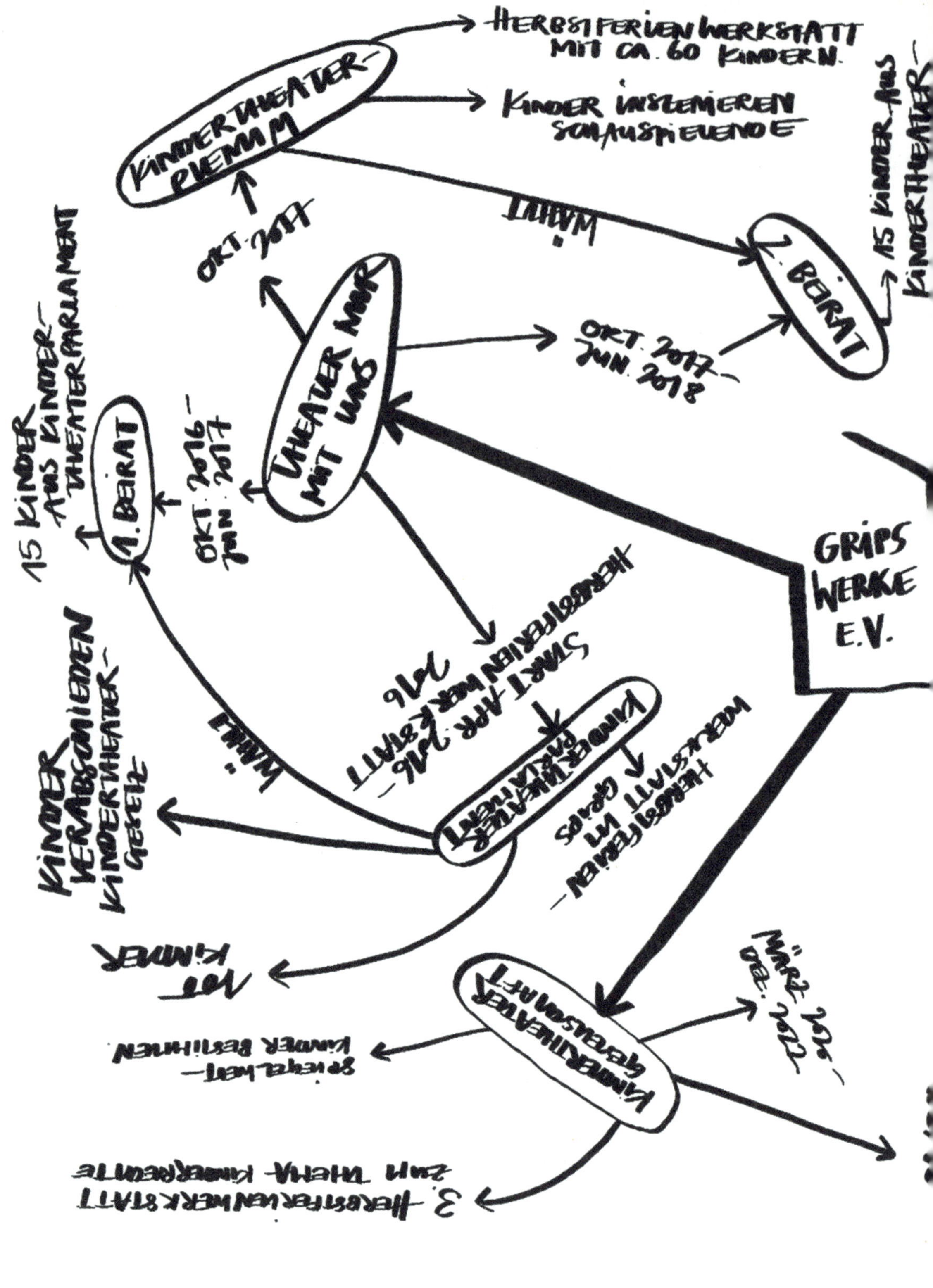

Überblick der KinderTheaterBeiräte am GRIPS Theater

Wie konzipieren?

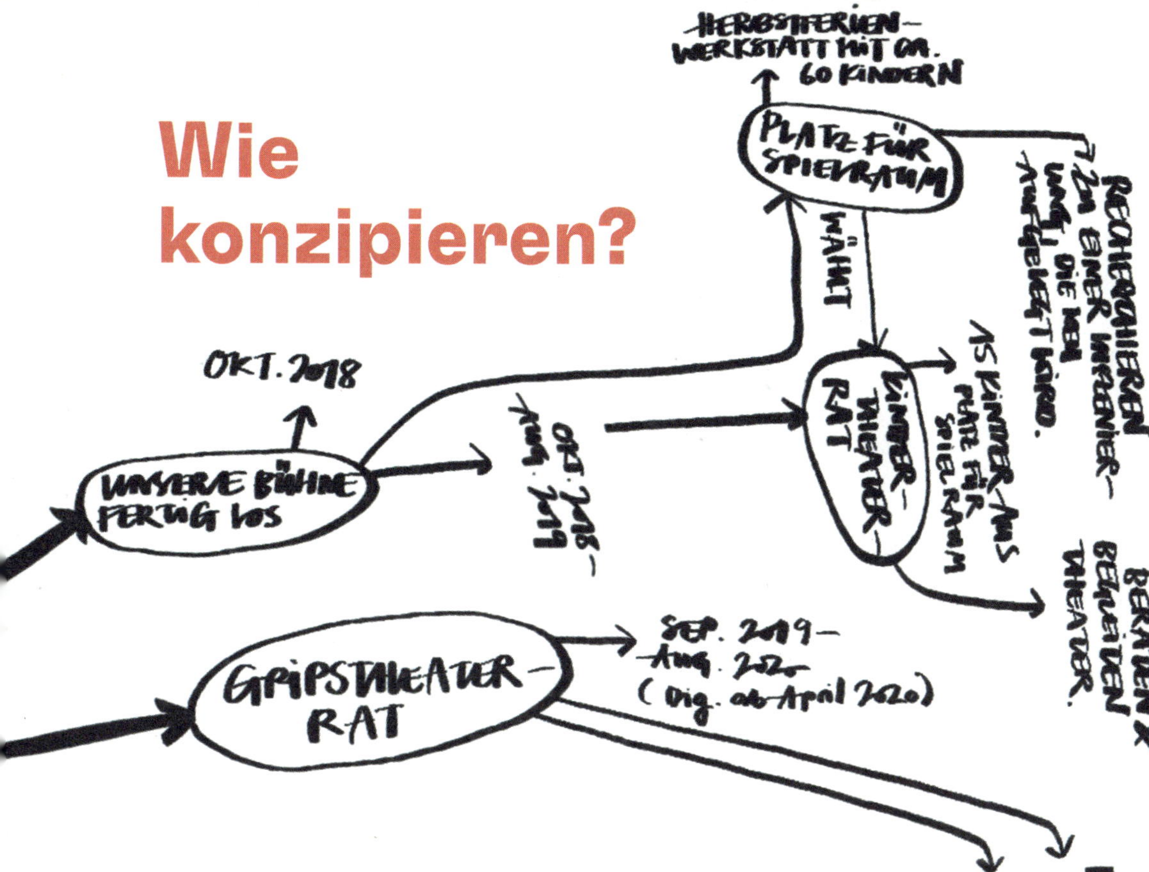

Um einen Kinderbeirat zu konzipieren, gilt es wie so oft in der Kunst sowie in der kulturellen und politischen Bildung, Fragen zu sammeln und Leerstellen zu beschreiben. Bei der Konzeption von klassischen Kulturprojekten für und mit Kindern steht meistens eine Frage, ein Text oder die Auseinandersetzung mit einer künstlerischen Form oder Arbeitsweise im Vordergrund. Bei der Konzeption eines Kinderbeirats stehen dagegen die Institution selbst und ihre Struktur im Mittelpunkt. Als erwachsene Beiratsinitiator*innen müssen wir daher von Anfang an Menschen bereits in der Planung miteinbeziehen – Mitarbeiter*innen aus verschiedenen Abteilungen der Institution, Vertreter*innen von verschiedenen Trägern und vor allem natürlich Kinder.

In einem der Beiratsjahre am GRIPS konnten aus logistischen Gründen keine Kinder an der Planung teilhaben. Das bekamen alle danach immer wieder zu spüren, wenn es um Anfangszeiten oder Interessen etc. ging. Ein anderer Beirat wurde nur von Freiberufler*innen begleitet. Die Struktur des Hauses war daher kaum zugänglich, weil die Kontakte und das Eingebundensein fehlten. Wir lernten von Mal zu Mal dazu und stellen uns heute Fragen zu folgenden Themen:

KONZEPTIONSGRUPPE

- Wer ist Teil der Kerngruppe?
- Wie viel Zeit gibt es für die Konzeption?
- Wer soll und wer muss in die Konzeption eingebunden werden?
  - Wer aus der Institution?
  - Welche Kinder?
  - Wer aus anderen Organisationen?
- Wer ist regelmäßig in Konzeptionstreffen dabei?
- Wer kann sporadisch eingeladen werden?
- Wer hat welche Rolle im Team?
- Können Rollen wechseln? Wenn ja, wie?
- Was bedeutet es, als erwachsene Person am Beirat beteiligt zu sein?
- Welche Methoden werden zur Konzeption genutzt?
- Wie werden Methoden an die Beteiligten angepasst?
- Wer erarbeitet Vorschläge oder Vorlagen?

Erfahrungen am GRIPS

Wir Erwachsenen waren ein sehr kleines Kernteam aus freiberuflichen und festangestellten Theaterpädagog*innen, die die Beiratsprojekte konzipiert und beantragt haben. In regelmäßigen Abständen hat diese Kerngruppe sich mit allen Interessensgruppen und Beteiligten getroffen, um das bereits Geplante vorzustellen, gemeinsam Fragen zu klären und weiterzuentwickeln. In diesen Treffen waren vorrangig Erwachsene aktiv. Bei einzelnen Treffen, die inhaltliche Ausrichtungen und konkrete Planungen betrafen, waren auch Kinder involviert. Diese Großgruppe hat ihre Umsetzungsvorschläge für die meisten Problemstellungen im Konsens gefunden, ohne dass dieser Entscheidungsweg offen besprochen wurde. Zu verbleibenden Fragen wurden Ideen gesammelt, die von der Kerngruppe anschließend weitergedacht wurden, um sie dann wieder zurück in die große Gruppe zu tragen.

Kinder aus dem jeweils aktiven Beirat konnten zudem inhaltliche Wünsche und Ideen für kommende Beiratsgruppen äußern und entschieden über praktische Fragen wie Anfangszeiten, Pausen und den Essensplan. Diese Fragen haben wir jedes Jahr neu angepasst.

Mehr dazu S. 131: MITGESTALTEN

VIELE NOTIZEN
VIEL ARBEIT
VIEL SPAß!

Mögliche Konsequenzen

Geschlossene kleine Konzeptionsgruppe

Kleine Konzeptionsgruppen sind oft einfacher zu finanzieren und schneller, gerade wenn es darum geht z. B. einen Antrag zu schreiben. Zugleich bergen sie die Gefahr, dass nicht alle Beteiligten (in unserem Fall Kinder oder Hausangestellte) vertreten sind und Entscheidungen nicht unbedingt mitgetragen werden. So kann es sein, dass das Ziel der Mitbestimmung schon früh im Prozess verfehlt wird und sich damit der Wunsch nach einer strukturellen Veränderung schwerer erreichen lässt.

Offene oder große Konzeptionsgruppe

Die Beteiligung möglichst vieler Akteur*innen ist ein zeitintensiver und eher langsamer Prozess. Je mehr Menschen dabei sind, desto klarer muss sein, wer welche Rolle innehat und wie Entscheidungen getroffen werden.

In unserem Falle wurden die Konzeptionstreffen immer von der organisatorischen Leitung der Projekte moderiert. Wenn für gemeinsame Entscheidungsprozesse einer großen Gruppe viel Zeit eingeplant wird und die Moderation klar hindurch führt, ohne zu stark zu lenken, kann dies dem Projekt eine große Kraft geben, da es von allen mitgetragen wird. Um einen solchen Prozess für alle Beteiligten – egal ob Kinder oder Erwachsene – gewinnbringend gestalten zu können, muss klar sein, was der Rahmen für die Entscheidungen ist und wer ihn vorgibt: die Leitung der Institution, die Förderinstitutionen, aber auch die Lust und die Kapazitäten der Leitungspersonen oder anderer Erwachsener der Institution.

Bei der Einbindung von Kindern in der Konzeption haben wir die Erfahrung gemacht, dass es umso besser ist, je konkreter die Entscheidungsmöglichkeiten sind. Zum Beispiel lassen sich Entscheidungen zu folgenden Fragen treffen: Welche Themen sollen bearbeitet werden? Wer soll die Themen mit welchen Mitteln bearbeiten? Um welche Uhrzeit wollen wir anfangen? Was soll es zu essen geben?

Auch bei einer offenen oder großen Konzeptionsgruppe können die Menschen, die das Konzept erdenken, immer noch weniger und teils auch andere als diejenigen, die den Beirat als Mitglieder und beteiligte Erwachsene später durchführen und gestalten. Es entstehen also auch noch während der Durchführung der Beiratsprojekte Irritationsmomente.

MOTIVE

- Was erhoffen sich die einzelnen Beteiligten von einem Kinderbeirat?
  - Was erhofft sich die Kultureinrichtung?
  - Was erhoffen sich die Kinder?
  - Was erhoffen sich die begleitenden Erwachsenen?
  - Wie positionieren sich die erwachsenen Beiratsbegleitungen zu diesen Wünschen und Ideen?
- Was versprechen die erwachsenen Beiratsbegleitungen der Kulturinstitution?
- Was versprechen die erwachsenen Beiratsbegleitungen den Kindern?
- Welche Ziele werden mit den Beteiligten formuliert?
- Sind die Ziele realistisch? Können sich die Ziele innerhalb der Zeit verändern?
- Wie werden Ziele sichtbar für alle festgehalten?
- Wie, wann und von wem werden Ziele überprüft?
- Welche Momente des Innehaltens werden geschaffen, um mit allen Beteiligten Ziele und Motive einmalig oder stetig zu besprechen und anzupassen?

Erfahrungen am GRIPS

Einen Beirat gründen bedeutet, verschiedene Menschen für dieses Vorhaben zusammenzubringen. Es bedeutet auch, dass es viele verschiedene Vorstellungen davon gibt, was hierzu alles gezählt werden muss. Konflikte und Unverständnis entstehen unserer Erfahrung nach genau dann, wenn diese Vorstellungen und Erwartungen nicht deutlich ausgesprochen werden. Oft haben wir uns als organisatorische Projektleitung oder beteiligte erwachsene Person zerrieben gefühlt, beispielsweise zwischen dem eigenen Wunsch und dem Wunsch der Kinder nach regelmäßigen Probenbesuchen und so pragmatischen Hindernissen, wie der Gegebenheit, dass Proben morgens um 10 und abends um 18 Uhr anfangen, die Kinder aber um 10 Uhr in der Schule sind und um 17 Uhr nach Hause müssen. Um beides zusammenzubringen, braucht es sehr viele Absprachen.

Mehr dazu S. 119: KOMMUNIZIEREN

Als organisatorische Projektleitung sowie als beteiligte erwachsene Person ist es deswegen von Zeit zu Zeit sinnvoll, sich die Ziele und Motive der einzelnen Akteur*innen vor Augen zu führen und zu verbalisieren. So ist es einfacher, zwischen diesen Vorstellungen zu vermitteln. Im Folgenden sind einige Hauptmotive dafür, einen Beirat am Theater zu haben, aufgelistet. Sie gehen zurück auf Gespräche mit Projektbeteiligten aus den unterschiedlichsten Bereichen.

Motivation des Theaters

- Theater diverser machen
- Das Theater adultismusfreier machen
- Das Theater verändern
- Kinderrechte am Theater umsetzen
- Diversitätsprozesse auslagern
- Zukünftiges Publikum erreichen
- Zukünftiges Publikum binden
- Werbung machen
- Öffentliche Aufmerksamkeit erregen

Mehr dazu S. 23:
GESPRÄCH ÜBER DIE ENTSTEHUNG DER KINDERTHEATERBEIRÄTE UND IHRE POTENTIALE AM GRIPS THEATER

Motivation der Kinder

- SPAß
- KREATIV SEIN
- ANDERE KINDER TREFFEN
- UMSONST THEATER GUCKEN
- MEINUNG ÄUßERN KÖNNEN
- GEHÖRT WERDEN
- SICH WEITERENTWICKELN & LERNEN!!!
- THEATER VERÄNDERN

Mehr dazu S. 15:
GESPRÄCH ÜBER EINEN ORT AN DEM WIR SELBST ENTSCHEIDEN DÜRFEN

Motivation der begleitenden Erwachsenen

- Aufmerksamkeit für die Perspektive von Kindern schaffen
- Physischen Raum für Kinder in der Institution etablieren
- Repräsentanz für die Perspektive von Kindern
- Angebot für Kinder, die nicht Schauspielen wollen und trotzdem das Theater lieben
- Niedrigschwellige Heranführung ans Theater
- Kinder künstlerisch bilden
- Kinder fragen
- Kindern hören
- Kinder inhaltlich mitgestalten lassen
- Kinder entscheiden lassen
- Das Theater diverser machen
- Das Theater adultismusfreier machen
- Das Theater verändern
- Kinderrechte umsetzen

Mehr dazu S. 34:
GESPRÄCH ÜBER UTOPIEN, PARTIZIPATION UND OFFENE RÄUME AM THEATER

ZEITLICHER RAHMEN

- Soll der Beirat ein zeitlich begrenztes Projekt oder eine verstetigte Arbeitsgruppe über übliche Planungszyklen (z. B. Spielzeiten) hinaus sein, unabhängig von den Finanzierungsfragen, die damit einhergehen?
- Welche Planungszeiträume gibt es, an die der Beirat angepasst werden muss?
- Welche Ressourcen, Geld und Sichtbarkeit kann die Kultureinrichtung beisteuern, um die Arbeit zu verstetigen?
- Welche Fördermöglichkeiten und -perioden gibt es
  - für den Start?
  - für einzelne Stationen?
  - zur Verstetigung?

Erfahrungen am GRIPS

Alle KinderTheaterBeiräte, die wir durchgeführt haben, waren Projekte des theaterpädagogischen Vereins GRIPS Werke e. V. in Kooperation mit dem GRIPS Theater. Es ist wichtig dies zu erwähnen, weil es nicht nur Einfluss auf die Gelder hatte, die wir beantragen konnten (z. B. bei *Aktion Mensch*), sondern auch auf die Planungs(un)sicherheit, mit der wir innerhalb des Theaters agieren konnten.

Mehr dazu S. 82: ÜBERBLICK DER KINDERTHEATERBEIRÄTE AM GRIPS THEATER

Wir haben stets versucht, mehrjährige Großprojekte zu konzipieren, in die ein Beirat eingebettet war. So war es möglich, in größeren Bögen zu denken, da die Finanzierung über einen längeren Zeitraum hinweg gesichert war. Die Übergänge von einem zum nächsten großen Förderantrag gestalteten sich dabei schwierig. Zum einen hatte dies damit zu tun, dass wir uns in einem Dilemma wähnten zwischen dem Wunsch, die Beiratsarbeit zu verstetigen und der Forderung von Förderinstitutionen nach komplett innovativen Projekten. Zum anderen wurden die Übergänge zwischen den Förderperioden erschwert, da unsere Kapazitäten in diesen Phasen durch das Antragsschreiben für das neue Projekt, die Abrechnungen des alten Projekts und die Abstimmung im Haus stark beansprucht waren.

Die Verankerung im Haus braucht unserer Erfahrung nach sehr viel Zeit und einen langen Atem – bei den Kindern, aber insbesondere auch bei den erwachsenen Begleitenden. In der Pandemie ist uns der Atem ausgegangen. Seit der Spielzeit 2022/23 gibt es wieder einen neuen Anlauf einen Kinderbeirat zu etablieren.

Zeit ist noch auf anderer Ebene ein nicht zu unterschätzender Faktor in der Arbeit mit jungen Menschen. Denn diese wachsen nicht nur heran, sondern auch aus manchen Fördertöpfen heraus. Wir haben immer mit einem KinderTheaterBeirat gearbeitet. Die Förderung war für Kinder zwischen 9 und 12 Jahren bewilligt. Kinder, die zu Jugendlichen wurden und trotzdem weitermachen wollten, brauchten eigentlich ein neues Projekt. In einem Fall haben wir die interessierten Jugendlichen als Seniors und Dokumentationsgruppe eingebunden. Eine langfristige Lösung jenseits der Theaterclubs am GRIPS, in die die Jugendlichen dann gehen können, haben wir bisher nicht etablieren können.

Mehr dazu S. 131: MITGESTALTEN

WAS IST EIGENTLICH AUS MEINEM ANIME-STÜCK GEWORDEN?

Mögliche Konsequenzen

Verstetigter Beirat

Ein Beirat, der strukturell wirken soll, kann sich in einem verstetigten Setting, also mit langen Planungs- und Finanzierungshorizonten, die Zeit nehmen, Strukturen in Ruhe aufzubauen und zu pflegen. Zugleich ist es möglich, in die Langzeitplanungen der Kunst- und Kultureinrichtung (z. B. Spielplangestaltung mit bis zu drei Jahren Vorlaufzeit) möglichst früh einzugreifen. Mitarbeitende können sich besser und langfristiger auf den Beirat einlassen, nehmen ihn wichtiger und können ihn bei ihren Planungen und Entscheidungen stärker berücksichtigen. So können mehr Fürsprecher*innen hinzugewonnen werden. Auch Weiterentwicklungen und Anpassungen innerhalb der Einrichtungsstruktur sind unserer Ansicht nach oft einfacher, wenn in größeren Bögen gedacht wird.

Zudem können Kinder langfristiger in die Einrichtung hineinwachsen und ihre Erfahrungen an neu hinzukommende Beiratsmitglieder weitergeben. So wird altersdiversen Gruppen mehr Raum geboten. Gleichwohl ist eine Verstetigung für einzelne Kinder schwerer zu überblicken. Es muss darauf geachtet werden, dass die einzelnen Etappen sichtbar und greifbar sind.

Ohne eine klare Finanzierungszusage der Kultureinrichtung, also alleine durch Drittmittelakquise lässt sich die Verstetigung eines Kinderbeirats unserer Erfahrung nach sehr schwer planen.

Begrenztes Projekt
Ein klar überschaubares Beiratsprojekt kann Freiheiten bieten, die in größeren Bögen manchmal verloren gehen. Wie in einem Experimentierraum kann hier viel gewagt werden. Zugleich sind einzelne Vorhaben sehr viel leichter zu finanzieren.

Veränderungsprozesse in der Struktur einer Einrichtung für junges Publikum brauchen unserer Erfahrung nach viel Zeit, damit sich die schon alt Eingesessenen, egal ob in Verwaltung, künstlerischer Leitung oder Öffentlichkeitsarbeit, darauf einlassen können. Bei einem zeitlich begrenzten Beirat wird die Mitbestimmung von Kindern vermutlich auch weiterhin nur als einzelnes Projekt verstanden und nicht als nötige Grundvoraussetzung aller Prozesse in der Institution. Die Nachhaltigkeit ist meist nicht gegeben.

VERHÄLTNIS ZUR KULTUREINRICHTUNG

- An welche Projekte schließt der Kinderbeirat an? Worauf baut er auf?
- Womit wird der Beirat verknüpft?
- Woher bekommt der Beirat Informationen darüber, was in der Kultureinrichtung passiert und geplant wird?
- Woher bekommen die Mitarbeitenden Informationen darüber, was im Beirat passiert?
- Wie regelmäßig fließen diese Informationen?
- Gibt es Routinen, Verteiler, Sitzungen, Apps, Pinnwände o. ä., die genutzt werden können?
- Werden Termine zwischen Beirat und Kultureinrichtung spontan gemacht, langfristig geplant oder strukturell verankert (z. B. in Konzeptionssitzungen, ersten Proben, Einstellungsgesprächen o. ä.)?
- Wen berät der Beirat?
  - Die Leitung des Hauses?
  - Die Künstler*innen?
  - Die Gewerke?
  - Die Öffentlichkeitsarbeit?
  - Das Publikum?
- Hat der Beirat Entscheidungs- oder zumindest Vetorechte?
- Wie regelmäßig findet Austausch statt?
- Wie kann der Beirat in der Institution als festes Gremium wahrgenommen werden?
- Wie positionieren sich die begleitenden Erwachsenen im Beirat – als Assistenz, als Leitung, als Sprachrohr, als Mitglied?

Erfahrungen am GRIPS

Der Leiter des GRIPS Theaters war lange als Theaterpädagoge tätig. Das brachte den großen Vorteil mit sich, dass der Beirat auf planerischer Seite stets mitgedacht und unterstützt wurde. Die Aufmerksamkeit anderer Mitarbeiter*innen ist im laufenden Theaterbetrieb jedoch begrenzt, was Projekte jenseits des Spielplans angeht. Als festangestellte Theaterpädagog*innen und Vertreter*innen des Beirats in Sitzungen bedeutete das immer wieder, auf die Funktion und Möglichkeiten des Beirats und die Einbeziehung der Perspektiven der Kinder aufmerksam zu machen. Zum Teil stießen wir dabei auf großes inhaltliches Interesse, zum Teil auf die Einschätzung, dass der Beirat eine Mehrbelastung sei. In dieser Rolle als Angestellte und zugleich den Beirat begleitende erwachsene Person saßen wir oft zwischen den Stühlen. Auf der einen Seite standen die Wünsche und Ideen der Kinder, auf der anderen Seite die (eingeschränkten) Möglichkeiten und das Interesse der Mitarbeitenden, auf den Beirat zu reagieren. Dennoch wollten wir mit dem Beirat keinen isolierten Partizipationsraum schaffen, sondern explizit auf die Struktur des Hauses einwirken.

Mehr dazu S. 119: KOMMUNIZIEREN

Mögliche Konsequenzen

Beraten im konkreten Fall

Je konkreter die Aufgaben des Beirats sind, desto wahrscheinlicher ist, dass die Kinder in diesem Bereich wirklich beraten und selbst entscheiden können und die Ergebnisse ihrer Beratung und ihrer Entscheidungen noch selbst spüren. Beispiele dafür sind in unserem Falle die Raumgestaltung oder die Begleitung einer Theaterproduktion. Zugleich ist die Zugehörigkeit zur Einrichtung weniger spürbar und Mitarbeitende nehmen den Beirat weniger wichtig, da sein Wirkungsgrad sehr gering ist und die Überschneidungspunkte zu anderen Mitarbeiter*innen oft klein sind.

Mehr dazu S. 122: STELLUNG NEHMEN

EIN STÜCK HABEN WIR AB DEM TEXT SCHREIBEN MITERLEBT!

Beraten zu allem, was Kinder betrifft

Damit Kinder auch bei größeren und folgenschwereren Entscheidungen mitreden können, braucht es viel Bewegung innerhalb des Theaters – sowohl innerhalb der Köpfe als auch innerhalb der Strukturen. Denn um Kinder mitreden zu lassen oder gar mitentscheiden zu lassen, benötigt es vor allem eins: Zeit. Zeit um Informationen zu bekommen und zu verarbeiten, Zeit um miteinander ins Gespräch zu kommen und Zeit um Ergebnisse zu kommunizieren. Das ist ein komplexer Vorgang, auf den alle im Haus vorbereitet werden müssen. Zum einen um Ängsten und Sorgen, die damit einhergehen, wenn Menschen Macht abgeben sollen, mit Ruhe zu begegnen. Zum anderen, weil die beteiligten Kinder, wenn die Kommunikation nicht regelmäßig ist oder sie keine Rückmeldungen über die Konsequenzen ihrer Beratungen bekommen, ihren Einfluss nicht spüren und die Gruppe in der Luft hängt. Die Akzeptanz und Wichtigkeit des Beirats in der Institution kann sehr viel größer werden, wenn klar ist, dass alle Entscheidungen, die Kinder betreffen, mit dem Beirat als ihren Repräsentant*innen besprochen werden müssen.

Mehr dazu S. 115: KENNENLERNEN

BEZUG ZU ANDEREN PROJEKTEN

- Worauf baut der Kinderbeirat auf? Woran schließt er an?
- Mit welchen Organisationen oder Gruppen kann der Kinderbeirat zusammenarbeiten?
- Wer sind Kooperationspartner*innen?
- Wer sind strukturelle Unterstützer*innen?
- Wie kann die Zusammenarbeit oder Kooperation gestaltet werden? Wer übernimmt welche Aufgaben?
- Wie viel Zeit wird für Abstimmungen eingeplant?
- Wie viel Zeit wird für Vernetzung eingeräumt?

Erfahrungen am GRIPS

Die KinderTheaterBeiräte des GRIPS waren immer fest in Großprojekte eingebunden, die noch weitere Projektphasen beinhalteten als die jeweiligen Kinderbeiräte. In allen Großprojekten waren mindestens drei bis vier langjährige Kooperationspartner*innen eingebunden. So richteten wir uns zum Teil nach deren organisatorischen und zeitlichen Strukturen und konnten davon profitieren. Das Projekt *Theater nur mit uns!* baute z. B. auf der Erfahrung von KinderTheaterKonferenzen auf. Dadurch konnten wir die Struktur von Herbstferienprojekten adaptieren und weiterentwickeln. Außerdem banden wir existierende Kindergruppen unseres Partners *Evangelisches Johannesstift* aus der ganzen Stadt ein. Das hatte große Vorteile, da die Kinder in ein großes Ganzes eingebettet waren und es starke Verbindungen zu den Betreuer*innen von dort gab. Zugleich stiftete es Verwirrung bei den Kindern, da ihnen teils unklar war, in welchem Rahmen sie sich gerade befanden.

Mehr dazu S. 82: ÜBERBLICK DER KINDERTHEATERBEIRÄTE AM GRIPS THEATER

Auch wenn es um rechtliche, organisatorische oder scheinbar profane Dinge wie das Bereitstellen von Stellwänden ging, konnten wir von unseren Kooperationspartner*innen lernen und profitieren. Im gemeinsamen Austausch sind zudem immer wieder überraschende Projektüberschneidungen aufgetaucht und inhaltliche Aspekte konnten noch einmal anders beleuchtet werden. Für kleine und große Herausforderungen haben sich passende Ideen und Menschen gefunden.

Mögliche Konsequenzen

Starke Eingebundenheit

Viele und vor allem enge Partner*innen des Beirats können eine größere Aufmerksamkeit für die Perspektive der Kinder generieren. Zudem ist die Verankerung in der Kultureinrichtung unserer Ansicht nach nachhaltiger und langfristiger, wenn mehr Menschen auch von außen beteiligt sind. Oft ist es auch eine Bedingung von Förderer*innen, dass es Kooperationen zwischen verschiedenen Institutionen geben muss. Außerdem gibt es oft gegenseitige Synergieeffekte zwischen z. B. Institutionen, die im Alltag der Kinder präsenter sind und solchen, die nur punktuell wirken, wie Kunst- und Kultureinrichtungen.

Zugleich geht mit einer größeren Eingebundenheit oft Freiheit und Flexibilität in der Planung verloren. Auch der Kern der Arbeit kann verrutschen, wenn der Fokus zu sehr auf andere Institutionen gelegt wird.

Alleinstehendes Projekt

Bei der organisatorischen Leitung eines Beirats ohne große Kontakte nach außen, ist der Fokus sehr klar. Zudem werden weniger zeitliche Kapazitäten gebunden. Jedoch wird je nach Projekt und Ideen der Beiratsmitglieder der Aufwand auf organisatorischer Seite sehr viel größer. Auch die nachhaltige Verankerung ist schwieriger umsetzbar, weil alles an wenigen einzelnen Menschen hängt.

FREIRAUM

- Wie viel Freiraum gibt es für die Kinder, den Prozess mitzubestimmen?
- Wissen die erwachsenen Beteiligten bereits alles, was passieren wird? Wie viel wird im Voraus geplant?
- Wo können Kinder Wünsche äußern, wo können Kinder bestimmen, wo wird verhandelt?
- Welche Gelder gibt es, um auf spontane Ideen der Kinder einzugehen? Über welche Mittel können die Kinder selbst bestimmen?
- Wie lassen sich Mitarbeitende der Institution auf kurzfristige Anfragen vorbereiten?
- Auf welcher Stufe der Partizipationsleiter befindet sich das Projekt?

Mehr dazu S. 30:
GESPRÄCH ÜBER ADULTISMUS, KINDERRECHTE UND RAHMENBEDINGUNGEN

Erfahrungen am GRIPS

Wie bei vielen partizipativen Projekten besteht die Herausforderung bei einem Beirat darin, einen Großteil der Planung noch vor Projektbeginn machen zu müssen, also ohne die beteiligten Kinder zu kennen und fragen zu können, worauf sie Lust haben. Auch Anträge müssen lange im Voraus gestellt werden.

Termine, Materialien und Arbeitsaufträge müssen sehr eng mit den Mitarbeitenden des Hauses abgestimmt werden, wenn der Beirat z. B. bei Leitungstreffen, Meetings, Proben oder Begegnungsformaten anwesend sein will oder soll. Dies hat zur Folge, dass oft kurzfristig geplant und organisiert werden muss, was voraussetzt, dass alle Beteiligten am Haus flexibel sind. Wir haben gute Erfahrungen damit gemacht, von Anfang an allen Beteiligten zu kommunizieren, dass es noch viel Spielraum in der Planung und bei den Aktionen gibt.

Auch finanzieller Freiraum sollte gegeben sein, um auf Wünsche und Ideen der Beiratskinder eingehen zu können.

Mehr dazu S. 105:
WIE FINANZEN AUFSTELLEN?

Wie unterschiedliche Kinder erreichen?

Damit Kinder an einer Kunst- und Kultureinrichtung sinnvoll beraten können, müssen viele Voraussetzungen erfüllt sein. Die Kinder müssen informiert werden, anreisen können und sich vor Ort wertgeschätzt fühlen. Zudem sollten die Mitglieder des Beirats die Kinder der Stadt repräsentieren. Diesem Ziel haben wir uns über verschiedene Wege angenähert. Dabei war es uns stets wichtig, die Kinder nicht zu kuratieren, d.h. sie nicht aufgrund irgendwelcher Merkmale besonders ein- oder auszuschließen. Wie wir das organisatorisch ermöglicht haben, beschreiben wir in diesem Kapitel.

WERBUNG UND AKQUISE

Einladungen über die Homepage der Kunst- und Kulturinstitution, gängige Internetplattformen für Kulturelle Bildung oder andere öffentliche Medien ziehen unserer Erfahrung nach vorrangig Kinder aus Familien an, die sich aufgrund von verschiedenen Kapazitäten (Zeit, Geld, Sprache, Bildung, Kontakte etc.) umfangreich um die kulturelle Freizeitgestaltung ihrer Kinder kümmern können. Um die Berliner Stadtgesellschaft abbilden zu können, wollten wir jedoch nicht ausschließlich diese Kinder in unsere Beiratsprojekte einladen.

Daher haben wir zusätzlich unsere Kontakte und Kooperationspartner*innen intensiv genutzt. Wir sind zum Beispiel in verschiedene Horte im ganzen Stadtgebiet gefahren, um Multiplikator*innen besser kennenzulernen und in Kurzworkshops Kindern den Beirat oder das Ferienprojekt spielerisch vorzustellen. So ergab sich direkter Kontakt zu den Kindern, die konkret einschätzen konnten, worauf sie sich einlassen. Zudem war der direkte Kontakt zu den Pädagog*innen gestärkt, durch die dann Anmeldungen, Fotoerlaubnisse etc. zu uns gelangen konnten. Die Kontaktpersonen vor Ort waren auch immer darüber informiert, was wir planen oder direkt in die Planung eingebunden.

Mehr dazu S. 100:
WELCHE ERWACHSENEN BRAUCHT ES?

Vom Großen ins Kleine

Unsere Akquise für alle Beiräte könnte folgendermaßen zusammengefasst werden – egal ob beim KinderTheaterParlament mit 100 Kindern oder während der Pandemie bei der KinderTheaterGesellschaft mit 30 Kindern – In den Herbstferien gab es immer ein großes Projekt, in dem Kinder aus der ganzen Stadt alleine oder gemeinsam mit ihren Freund*innen mitmachen konnten. In verschiedenen Workshops, die sich mal thematisch, mal in den Kunstformen unterschieden, konnten Kinder hier selbst künstlerisch aktiv werden und ihre Ergebnisse auf der Bühne vor Publikum präsentieren. Die Teilnehmenden dieser Projekte haben wir jeweils eingeladen, Beiratsmitglieder des GRIPS Theaters zu werden.

Mehr dazu S. 82:
ÜBERBLICK DER KINDERTHEATERBEIRÄTE AM GRIPS THEATER

Die Kinder konnten beim Machen kennenlernen, was Theater alles bedeuten kann und hatten die Möglichkeit, den Ort und die beteiligten Erwachsenen kennenzulernen. Wer den Ort und die Menschen dort mochte, konnte besser einschätzen, ob ein Interesse bestand, Teil der Gruppe zu werden – auch ohne genau zu wissen, was „Beirat“ eigentlich bedeutet.

Ansprache und Texte

Bei Infotexten zum Projekt empfiehlt es sich unserer Ansicht nach, in der Ansprache zu differenzieren. Es empfiehlt sich, einen Text speziell für Kinder zu verfassen, einen für Erziehungsberechtige und evtl. einen für die begleitenden Pädagog*innen. Gerade um den Zugang von Kindern (und deren Familien) zu gewährleisten, die sonst nicht in Kunst- und Kultureinrichtungen kommen, sollten alle Texte übersichtlich, kurz und wenn möglich in leichter Sprache gestaltet sein.

FAHRTBEGLEITUNGEN

Damit alle, die wollen, auch mitmachen können, müssen sie die Möglichkeit haben, physisch vor Ort sein zu sein. Daher haben wir ÖPNV-Tickets für alle beteiligten Kinder beantragt. Zudem gab es Treffpunkte in der Nähe der verschiedenen Wohnorte der Kinder, an denen sie von ehrenamtlichen Fahrtbegleitungen abgeholt und zu denen sie wieder zurückgebracht wurden. Die Koordination des Hin- und Rückwegs ist gerade bei jüngeren Kindern sehr aufwändig, zugleich stellt es aber sicher, dass auch Kinder kommen, deren Familien die Wege nicht begleiten können.

Wir haben in der Organisation zwei Logiken ausprobiert, die fließend ineinander übergehen. Die eine bestand darin, die Sammelstellen bereits im Voraus mit den Kooperationspartner*innen festzulegen. Das hat den Vorteil, dass schon bei der Anmeldung Klarheit über Orte und Zeiten herrscht. Die andere bestand darin, mit Blick auf die angemeldeten Kinder, die Abholorte und Zeiten festzulegen. Dies bringt mehr Flexibilität, zugleich erfordert es aber auch mehr spontane und kurzfristige Kommunikation.

ESSEN

Don't forget the Müsliriegel! Verpflegung ist nicht nur für einige Erziehungsberechtigte ein sicherlich auch finanziell entlastender Aspekt bei den Ferienprojekten. Vor allem handelt es sich dabei um einen wichtigen Faktor für die Kinder. In einen Raum mit vorbereiteten Buffet zu kommen, bedeutet, sich wertgeschätzt zu fühlen und einen Ort zu haben, an dem es einfacher ist, ins Gespräch zu kommen und sich wohlzufühlen. Sowohl Zeit als auch Geld muss hierfür eingeplant werden, denn der Pullfaktor von guten Snacks kann gar nicht überschätzt werden.

KOMMUNIKATION

Es hat sich bewährt, alle bekannten Termine im Voraus festzulegen und allen Beteiligten zukommen zu lassen. Zugleich gab es zwei Chatgruppen, in denen Termine vorher noch einmal angekündigt und auch kurzfristige Änderungen an alle Beteiligten weitergegeben werden konnten. Wir hatten eine Chatgruppe mit Erziehungsberechtigten und eine mit Kindern. Die Regeln für diese Gruppen sollten vorher kurz gemeinsam besprochen werden. Aus Kinderschutzgründen empfehlen wir den Beiratsbegleitenden, hierfür nicht das private Smartphone zu benutzen, sondern ein Projekt-Smartphone einzusetzen, auf das mehrere Mitarbeitende Zugriff haben. Mailinglisten haben unserer Erfahrung nach nie alle erreicht. Zum Teil haben wir Kinder auch telefonisch an Treffen erinnert. Der Kommunikationsaspekt ist nicht zu unterschätzen. Er hat stets sehr viel mehr Zeit in Anspruch genommen, als bei den Planungen im voraus dafür anberaumt worden ist.

Mehr dazu S. 107:
RECHTLICHES UND KINDERSCHUTZ

Welche Erwachsenen braucht es?

Erwachsene bestimmen die Rahmenbedingungen, innerhalb derer Kinder den Beirat inhaltlich und strukturell mitgestalten. Dafür braucht es ein gut aufgestelltes Team, informierte und interessierte Mitarbeitende der Einrichtung und ein unterstützendes Netzwerk. Im Folgenden beschreiben wir, wie dies gelingen kann.

TEAM

Je nachdem welches Format gewählt wird, kann das Team kleiner oder größer ausfallen. Die organisatorische Projektleitung hat die Aufgabe, die Umgebung für den Beirat so zu gestalten, dass Ideen und Aktionen möglichst viel Unterstützung erfahren. Dabei spielen verschiedene Personengruppen eine Rolle:

Festangestellte

Dreh- und Angelpunkt in allen Fragen rund ums Haus ist eine festangestellte, gut ins Haus eingebundene Person. Sie kann den Beirat im Haus vernetzen, ist präsent in Sitzungen, in denen Informationen verbreitet werden und kann auch persönlich bei Kolleg*innen werben und auf die Perspektiven der Kinder aufmerksam machen.

Freiberufliche

Soll zusätzlich eine freiberufliche Person eingebunden werden, so muss bedacht werden, dass deren Nähe zum Haus und dessen Aktivitäten sehr viel geringer ist. Der Kommunikationsaufwand wird dadurch ungleich größer, da es zumeist keine strukturelle Verankerung in der Kommunikation des Hauses gibt. Hier empfiehlt es sich, die Aufgaben, die sich direkt um die Organisation der Gruppe drehen, an die freiberufliche Person zu geben. In allen Fällen muss für diese Person(en) viel Zeit für Organisation eingeplant werden.

Ehrenamtliche

Egal ob als Fahrtbegleitungen oder als Helfer*innen in den Ferien: Ehrenamtliche sind wichtiger Bestandteil unserer KinderTheater-Beiräte gewesen. Wichtig ist, sich für sie um Versicherungen zu kümmern – gerade, wenn sie Kinder bei Fahrten begleiten. Dies lässt sich, wenn die Kulturinstitution es selbst nicht stemmen kann, auch über Kooperationspartner*innen aus dem Sozialsektor bewerkstelligen. Zudem sollten Aufwandsentschädigungen mitbeantragt werden.

Hier hat es sich bewährt, schon bestehende Kontakte zu nutzen, z. B. zu ehemaligen und aktuellen Praktikant*innen oder zu den Kooperationspartner*innen, aber auch neue Allianzen in der Stadt zu knüpfen wie z. B. zu den *Omas gegen Rechts*. Wenn möglich, können auch Jugendliche der Theaterclubs gefragt werden.

KOOPERATIONSPARTNER*INNEN UND NETZWERK

(Strukturelle) Veränderungen erfordern Unterstützung und viele Perspektiven. Daher lohnt es sich, für einen Kinderbeirat ein Netzwerk aufzubauen oder bestehende Kooperationen zu nutzen. Inhalte und Ziele der Kooperation sollten von Anfang an ausführlich besprochen werden, aber auch hier empfiehlt sich Offenheit für Veränderung. Um diese Partnerschaften zu gestalten, braucht es klare Aufgaben, eine vertrauensvolle Kommunikation und nicht zuletzt eine positive Atmosphäre.

Wir konnten für alle Projekte langjährige Kooperationspartner*innen gewinnen. Mit Verbindungen zu Schulhorten, Unterkünften für geflüchtete Menschen und konfessionellen Trägern konnten wir auf ein breit aufgestelltes Netz bauen.

Dieses Netz braucht sehr viel Betreuung, damit es trägt. Ein Anruf, eine Zusage und eine Einladungsmail machen noch keine Kooperation aus. Es braucht immer eine direkte Ansprechperson vor Ort, die Möglichkeit sich im Projekt zu engagieren, abgesprochene Termine, regelmäßigen Informationsfluss und klare Kommunikation mit Ansprechpartner*innen von Seiten des Hauses.

Wir haben das Netzwerk für verschiedene Zwecke genutzt: inhaltlichen Austausch, Entwicklung von Projektideen, Unterstützung in Versicherungsfragen, Material, Öffentlichkeitsarbeit, emotionalen Support und direkten Kontakt zu Kindern.

Auch hier sollte der Zeitaufwand nicht unterschätzt und ausreichend bedacht werden, wie viel Kapazitäten es für Kooperationen und Netzwerkpflege gibt. Zugleich kann der Kontakt nach außen jedoch gerade für organisatorisch leitende Personen eine sehr stärkende Erfahrung darstellen, wenn dabei eigene Grenzen oder Grenzen der Einrichtung sichtbar werden.

FÜRSPRECHER*INNEN AM HAUS

Ein Beirat kann nur funktionieren, wenn das Haus ihn unterstützt und mitträgt und er fest in die Strukturen des Hauses eingebunden ist. Ob dies gelingt, steht und fällt mit den Menschen, die das Haus leiten und beleben. Wenn diese zu Fürsprecher*innen gemacht werden können, ist ein fruchtbarer Boden für die Ideen der Kinder bereitet. Dabei gilt es, Menschen aus den verschiedensten Abteilungen zu erreichen:

Leitung / Intendanz

Die Leitung definiert die Ziele des Beirats mit. Sie zeigt Leitplanken (was ist (un)möglich, was sind Grenzen und No-Gos) und vertritt die Forderungen und Wünsche des Beirats gegenüber anderen Mitarbeiter*innen im Haus. Der Beirat ist nur in dem Maße stark und präsent, wie die Leitung des Hauses dies zulässt.

Außerdem stellt die Leitung Raum und Arbeitszeiten zur Verfügung. Bestenfalls wird auch Geld für externe Mitarbeiter*innen gestellt, für Material- und Verpflegungskosten. Oder es wird zumindest mitgedacht, dass Anträge für die Finanzierung des Projekts gestellt werden müssen.

Verwaltung / Künstlerisches Betriebsbüro

Die Verwaltung muss den Beirat mitdenken in Bezug auf Raumplanungen, weitere Großprojekte, technische Unterstützung und Sperrzeiten der Kinder, um ihn in der gesamten Spielzeit verankern zu können.

Künstlerische Leitung und Dramaturgie

Über die künstlerische Leitung können die Kinder in inhaltliche Diskurse des Hauses eingebunden werden. Der Zugang zu erwachsenen Künstler*innen ist leichter und die Ideen der Kinder können an einer machtvollen Position innerhalb des Hauses vertreten werden.

Mehr dazu S. 122:
STELLUNG NEHMEN

Öffentlichkeitsarbeit

Die Beiratsarbeit lebt von der Sichtbarkeit und Sichtbarmachung der Perspektiven der Kinder. Deshalb ist es sowohl für die Beiratskinder als auch für das Haus wichtig, dass die Vorhaben, Veranstaltungen, Wünsche und Anregungen des Beirats adäquat an die Öffentlichkeit kommuniziert werden. Hilfreich hierfür kann ein eigener Internetauftritt sein, der dann immer wieder auch von der Öffentlichkeitsarbeit des Hauses aufgegriffen werden kann.

Mehr dazu S. 135: SICHTBAR SEIN

Außerdem kann es sehr empowernd wirken, Ideen und Forderungen an Fachwelt und Politik weiterzugeben und so die Anliegen der Kinder breit hör- und durchsetzbar zu machen.

NETZWERKAUFBAU UND PFLEGE

Das Umfeld des Beirats aufzubauen und zu pflegen, fordert von den erwachsenen Beteiligten eine hohe Motivation und viel Ausdauer. Dass wir uns mit unserem Anliegen, mehr strukturelle Mitbestimmung ermöglichen zu wollen, in einem Kreis von Verbündeten wussten, war extrem hilfreich und kraftgebend.

In regelmäßigen Abständen Konzeptionstreffen mit einer großen Gruppe zu machen, haben wir ebenfalls als sehr hilfreich erlebt – sowohl auf organisatorischer als auch auf inhaltlicher Ebene.

Im Rahmen dieser Treffen waren uns folgende Aspekte wichtig:
- Klare, mitwirkungs- und ergebnisorientierte Moderation
- Wertschätzende Atmosphäre
- Konsensuale Entscheidungskompetenz aller Beteiligten
- Konstante Zusammensetzung der Beteiligten
- Protokolle bzw. schriftliche Vereinbarungen zu den
- Absprachen

Wenn Referent*innen eingeladen werden können oder im Team bereits Expertise vorhanden ist, empfehlen wir sehr, den Beginn eines Projekts für die erwachsenen Beteiligten auch zur Weiterbildung in Bezug auf Kinderrechte und Adultismus zu nutzen. Auch hier können bereits Formate gewählt werden, in denen Kinder anwesend sind und selbst ihre Meinungen und Wünsche vertreten.

Mehr dazu S. 45: HOW TO DEAL WITH US! KINDER STELLEN FORDERUNGEN AN ERWACHSENE

Wie Finanzen aufstellen?

Die Finanzierung von Beiratsarbeit hängt stark von deren Dauer und Intensität sowie von dem jeweiligen Träger ab. Der Verein GRIPS Werke e. V. ist Träger der freien Kinder- und Jugendhilfe und so konnten wir bei *Aktion Mensch e. V.* Großprojekte beantragen. Dies hat uns viel ermöglicht. Es wäre wünschenswert, dass es mehr solcher Förderungen gibt, die in der Abrechnung und Betreuung ausreichend Flexibilität für organisatorisch komplexe Kinder- und Jugendprojekte mitbringen.

Mehr dazu S. 160: ZUM SCHLUSS

Ebenso wünschenswert wäre, dass ein Kinderbeirat von der Kultureinrichtung selbst als Teil der Organisationsentwicklung verstanden und entsprechend finanziert wird. Falls das Projekt nicht aus eigenen Mitteln finanziert werden kann, ist es oft schwer, die passenden Fördertöpfe zu finden und damit umzugehen. Das hängt mit verschiedenen Faktoren zusammen.

In unseren KinderTheaterBeiräten hat sich gezeigt, dass ein Kinderbeirat sehr betreuungsintensiv und organisatorisch aufwändig ist – vor allem, wenn Kinder erreicht werden sollen, die bisher kaum Zugang zu solchen Projekten hatten und wenn eine tatsächliche Anbindung ans Haus gelingen soll. Die anfallende Organisationsarbeit lässt sich mit den Geldern aus vielen Fördertöpfen jedoch (noch) nicht vergüten, weil sich bei diesen meist nur die aktive Zeit mit Kindern abrechenbar ist. Zudem erfordert diese Art von Projekt oftmals einen höheren Betreuungsschlüssel als in den Förderbedingungen vorgesehen.

Wichtig ist weiterhin, dass bewilligte Gelder flexibler eingesetzt werden können. Sollen Kinder tatsächlich mitgestalten können, muss es auch nach Projektbeginn möglich sein, Projektgelder zwischen verschiedenen Rubriken zu verschieben, die Projektausrichtung zu verändern und an den Projektverlauf anzupassen. Nur dann werden die Beiratskinder wirklich in ihrer Expertise, ihren Wünschen und ihren Herangehensweisen ernst genommen. Wir sind damit oft so umgegangen, dass wir einige Posten noch als „Ideenpuffer" aufgespart haben, über die dann mit der Gruppe entschieden werden konnte.

Mehr dazu S. 131: MITGESTALTEN

Wird die Expertise von Kindern in Institutionen eingebunden, bringt dies unserer Ansicht nach auch die Notwendigkeit mit sich, über eine Entlohnung der Kinder nachzudenken. Möglichkeiten sind dabei Aufwandsentschädigungen, Sachmittel oder temporäre Beschäftigungen. Alle Optionen sollten sorgsam abgewogen werden mit Blick auf Institution, Förderer*innen und natürlich die Kinder.

Wenn ein Kinderbeirat verstetigt werden soll, kommt die Drittmittelfinanzierung aus den herkömmlichen Töpfen schnell an ihre Grenze, denn oftmals ist eine der Förderbedingungen, dass das Projekt neuartig, innovativ und noch nie dagewesen ist. Somit müssen Projekttitel und Ausrichtung sich mit jeder Neubeantragung ändern und es kann kaum kleinschrittig weiterentwickelt werden.

Alle diese Aspekte lohnt es sich unserer Ansicht nach aber unbedingt anzugehen, denn die Kinder im Beirat wirken nicht nur als Botschafter*innen in die Institution hinein, sondern auch in ihr privates und schulisches Umfeld. Auch dort werden Mitbestimmung, eigene Themen und künstlerische Herangehensweisen an sich und die Welt greifbarer. Daher lassen sich der hohe Förderbetrag und der Betreuungsschlüssel unserer Ansicht nach sehr gut begründen.

Rechtliches und Kinderschutz

Im Laufe der Jahre haben die GRIPS Werke als Verein die Standards bezüglich Kinderschutz immer weiter angepasst (vom Einholen von Führungszeugnissen über die Umsetzung der DSGVO und das Anschaffen von Projekt-Smartphones mit einer PIN, die allen bekannt ist, bis hin zur Erarbeitung eines umfangreichen Kinderschutzkonzepts) und werden dies auch weiterhin tun. Als Teil der *National Coalition* haben sich GRIPS Theater und GRIPS Werke e. V. in diesem Prozess von *Terre des Hommes* beraten lassen. Mitbestimmung kann nur dann funktionieren, wenn sich alle sicher fühlen und es auch sind. Die gemeinsame Erarbeitung eines Kinderschutzkonzepts ist ein wichtiger Schritt, um die Sicherheit aller Beteiligten zu gewährleisten.

Mehr dazu S. 26: GESPRÄCH ÜBER ADULTISMUS, KINDERRECHTE UND RAHMENBEDINGUNGEN

CHECKLISTE KINDER

- ○ Infotext mit umfangreichen Infos schreiben
- ○ Infotext in leichter Sprache schreiben

- ○ Intern direkte Ansprechperson für Nachfragen bestimmen
- ○ Projekt-Smartphone mit projektintern bekannter PIN bereitlegen
- ○ Projekt-E-Mail-Adresse einrichten

- ○ Werbung anpassen für Kinder und Erwachsene
  - ○ auf der Homepage der Kultureinrichtung
  - ○ auf Plattformen für kulturelle Bildungsangebote
  - ○ in Social Media-Kanälen
  - ○ in Kiezzeitungen o. ä.
  - ○ im öffentlichen Raum

- ○ Direktwerbung durch und bei Kooperationspartnerschaften planen
  - ○ Aufgabenverteilung mit Erzieher*innen, Lehrer*innen, Sozialarbeiter*innen klar absprechen
  - ○ Besuchstermine für Vorstellungsworkshops vereinbaren

- ○ Fahrtbegleitungen entscheiden und Freiwillige ansprechen

- ○ Gute Übersicht über gute Verpflegung in der Umgebung verschaffen

- ○ Termine mit der Kultureinrichtung abstimmen und an Erziehungsberechtigte und Kinder kommunizieren

CHECKLISTE ERWACHSENE

- ○ Teammitglieder festlegen
- ○ Aufgaben sinnvoll zwischen Festangestellten und Freiberufler*innen verteilen
- ○ Viel Zeit für Organisation einplanen

- ○ Einrichtungsleitung für den Beirat gewinnen
- ○ Beiratsvorhaben in allen wichtigen Leitungsgremien vorstellen
- ○ Beiratsvorhaben in allen betroffenen Abteilungen vorstellen
- ○ Unterstützer*innengruppe im Haus bilden

- ○ Kooperationspartner*innen überzeugen
- ○ Klare Kooperationsvereinbarungen treffen
- ○ Ehrenamtliche gewinnen
- ○ Versicherung für alle Beteiligten checken und evtl. abschließen

- ○ Treffen terminieren und kommunizieren
- ○ Inhaltliche Vorbereitungsworkshop für das Team konzipieren oder Fortbildung organisieren (z. B. zu den Themen Adultismus oder Kinderrechte)

CHECKLISTE GELD

- ○ Honorarkosten mit aktuellen Verbandsposition abstimmen
  Für Theater z. B. mit den Vorgaben von *ensemble-netzwerk, Bundesverband für Theaterpädagogik (BUT), Genossenschaft Deutscher Bühnen-Angehöriger (GDBA), Deutscher Bühnenverein* und den Landesverbänden (z. B. *LAFT*)

- ○ Team aufstellen (Hier ist ein Beispiel für unser Team)
  - Zwei Kunst- oder Kulturpädagog*innen (mindestens eine Person davon sollte zwingend fest bei der Institution angestellt sein!)
  - Personen für Organisationsarbeit (idealerweise in Personalunion mit den Pädagog*innen, aber im Finanzplan auch als Position groß und sichtbar aufstellen)
  - Eine Assistenz für die Unterstützung organisatorischer Aufgaben und die Vor- und Nachbereitung der Beiratsarbeit (je nach Qualifikation)
  - Referent*innen zu verschieden Themen
  - Eine Person für Öffentlichkeitsarbeit und Homepage- bzw. Social Media-Betreuung (falls nicht über die Institution abgedeckt)
  - Eine Person für Buchhaltung (falls nicht über die Institution abgedeckt)
  - Fahrtbegleitungen (Anzahl ist abhängig davon, von wie vielen Orten aus die Kinder zum Beirat kommen und welcher Betreuungsschlüssel während der Beiratszeit notwendig ist); hier kann mit Aufwandsentschädigungen kalkuliert werden
  - Ein*e Fotograf*in
  - Ein*e Grafiker*in (Erstellung eines Logos, auf Basis der Wünsche des Beirats)

- ○ Puffer für Referent*innen, Organisation und Pädagog*innen einplanen
- ○ Entlohnung der Kinder überdenken (Aufwandsentschädigungen, Sachmittel, temporäre Anstellung o. ä.)

- ○ Sachkosten aufstellen
  - ○ Verpflegungskosten !!!
  - ○ Projektsmartphone(s)
  - ○ Druckkosten für Hoodies/T-Shirts und Aufkleber
  - ○ Exkursionen
  - ○ Fahrkosten
  - ○ Materialkosten
  - ○ Verwaltungskosten

- ○ Puffer für Material, Sachkosten und Verpflegung einplanen
- ○ Förderer in allen Veröffentlichungen zum Projekt nennen

CHECKLISTE RECHT

- ○ Unterstützung holen, z. B. hier: www.tdh.de/wer-wir-sind/kindesschutz
- ○ Gefahrenanalyse machen
- ○ Führungszeugnisse aller Beteiligten regelmäßig überprüfen
- ○ Mitarbeitende versichern
- ○ Veranstaltungen mit Publikum versichern
- ○ Kinderschutzbeauftragte*n benennen und bekannt machen
- ○ Klaren Ablauf bestimmen, wie mit einem kindeswohlgefährdenden Vorfall umgegangen wird
- ○ Leitfäden erarbeiten und von allen Projektbeteiligten unterzeichnen lassen
- ○ schriftliche Einverständniserklärungen für Fotos, Film etc. von Erziehungsberechtigten und erwachsenen Projektbeteiligten einholen
- ○ schriftliches oder mündliches Einverständnis für Fotos, Film etc. von Kindern einholen
- ○ Hard- und Software beantragen und einrichten (z. B. Projekt-Smartphones und PCs mit offenen Zugangsdaten sowie gemeinsam nutzbare E-Mail-Adresse)

Wahl eines neuen Beirats
Kinder, Theater, Plenum
KINDER-WAHL-RECHT
GROß
KREIDE
Blumen
RAUM
REQUISITEN
TISCHE
SPIEGEL
Toilette
Licht
Schein-werfer zum Rumtragen
WLAN
handy
25 JAHRE

6.

PAUSE
Treffpunkt
PAUSE
ESSEN
5 WERK-STÄTTEN
40 KINDER
Herbst-fenien 5 Tage
2 GRIPS Schauspieler-innen
Theater Podewill
COOL!

Konkrete Praxiseinblicke

WIR HABEN CHAOTISCH & SPIELERISCH GELERNT!

Dieses Kapitel soll kurze, anschauliche Einblicke in die Beratungspraxis der Kinderbeiräte am GRIPS Theater geben. Wir haben uns als erwachsene Begleitungen der KinderTheaterBeiräte und Autor*innen dieses Handbuchs gefragt, welche konkreten Settings, Aktionen, Fragen und Herausforderungen immer wieder in Variationen aufgetaucht sind. Die für uns wichtigsten Aspekte des Beratens beschreiben wir hier anhand von sieben Verben:

Das KENNENLERNEN der Beiratskinder untereinander sowie das Vertrautwerden mit der Kunstform Theater im Allgemeinen und der Institution GRIPS Theater im Besonderen bildet die Grundlage, um beraten zu können. Viel haben wir uns damit beschäftigt, auf welchen Wegen Kinderbeiräte und Theater miteinander KOMMUNIZIEREN können. Die Beiratskinder waren immer wieder gefragt, zu bestimmten Themen und Ideen ihre Meinungen zu sagen und somit STELLUNG zu NEHMEN. Konstant waren wir um AUSTAUSCH zwischen Kindern und Erwachsenen bemüht und haben dafür verschiedene Formate ausprobiert und daran gearbeitet SICHTBAR zu SEIN, damit überhaupt Zusammenarbeit zustande kommen konnte. Nicht zuletzt konnten die Kinderbeiräte einzelne Prozesse MITGESTALTEN.

Zu jedem Verb beschreiben wir Begegnungen und Aktionen der KinderTheaterBeiräte, die für uns prägend waren. Zum Ende eines jeden Verbes erfolgt eine Zusammenfassung in Hinblick auf die CHANCEN UND HERAUSFORDERUNGEN der jeweiligen Beratungsaspekte. Zudem gibt es Verweise zum Abschnitt PRAKTISCHE ANLEITUNGEN, in dem einige Settings, Übungen, Spiele und Aktionen als Inspiration und zum Nachmachen beschrieben werden.

Kennenlernen

Zum Start der KinderTheaterBeiräte standen die Beiratsgruppen immer vor ähnlichen Kennenlern-Herausforderungen: Die Gruppe wollte sich untereinander, das Theater und seine Mitarbeitenden sowie Theater als Kunstform besser kennenlernen und ein Selbstverständnis als Beirat schaffen. Dabei begleiteten uns stets folgende Fragen: Was bedeutet für diese spezifische Gruppe beraten? Wer und was interessiert sie im Rahmen der Möglichkeiten? Welchen Zielen soll nachgegangen werden?

... UNTEREINANDER UND SELBSTVERSTÄNDNIS SCHAFFEN

In allen KinderTheaterBeirats-Jahren waren die ersten drei bis sechs Treffen dem Kennenlernen der Beiratskinder untereinander und dem Schaffen eines Selbstverständnisses als beratendes Organ gewidmet.

Praktische Anleitung S. 147:
NAMENKLATSCHEN

ERSTES TREFFEN SEHR AUFREGEND!

Nicht alle Kinder hatten eine Vorstellung davon, was ein Beirat ist und macht. Viele waren zuvor nur ein- bis keinmal im Theater gewesen. Einige Kinder kamen einfach zu den Beiratsprojekten, weil sie gerne mit anderen Kindern Zeit verbringen, spielen, Theater schauen und Snacks essen wollten.

... UND WEG VON UNSEREM LEBEN KOMMEN ODER UNS WEITERENTWICKELN WOLLTEN!

Ein Highlight der Kennenlernphase war jedes Mal das Entwerfen eines Logos für den KinderTheaterBeirat, das dann u. a. auf Sticker, T-Shirts und Hoodies gedruckt wurde.

Praktische Anleitung S. 142:
DAS BEIRATS-LOGO

Die Entwicklung des Logos war für die jeweilige Gruppe immer eine erste Gelegenheit, gemeinsam Ideen auszuhandeln und sich darüber Gedanken zu machen, was sie als Gruppe wollen und welche Vorstellungen und Wünsche sie haben.

Die konkrete Arbeit an einem Logo war ein hilfreiches Mittel gegen das Gefühl der Abstraktheit, das sich bei der Beiratsarbeit zu Beginn einstellt und das erst mit konkreter Beratungserfahrung abnimmt. Fragen wie „Wann spielen wir endlich selbst Theater?" oder „Wann machen wir eine Aufführung?" haben uns in der Anfangszeit immer begleitet und sind erst mit zunehmender Beratungstätigkeit weniger geworden bzw. haben sich in andere Fragen verwandelt: „Wann treffen wir wieder die Schauspielenden? Können wir nochmal eine Probe besuchen?"

... DER MITARBEITENDEN UND DES THEATERBETRIEBS

Praktische Anleitung S. 145:
WER BESTIMMT HIER WAS?
VERBILDLICHUNG DER INSTITUTION

Das Kennenlernen des Theaters und seiner Mitarbeitenden war zentral um zu verstehen, was der KinderTheaterBeirat am GRIPS alles machen kann und um herauszufinden, worauf die Beiratskinder Lust haben. Sie sind dafür z. B. durch die Büroräume gezogen, haben sich vorgestellt und kurze Interviews mit den Mitarbeitenden geführt, um sie und ihre Aufgaben besser kennenzulernen. Die Beiratskinder haben zudem eine Führung durch die Gewerke, die Hinterbühnen, die Probebühnen und die Technikempore bekommen. Besonders schön war es, wenn sich Mitarbeitende spontan Zeit genommen haben, um den Beiratskindern ihre Arbeit zu zeigen und zu erklären wie z. B. die Technikcrew, die während der Führung das Bühnenbild eines Stückes aufgebaut hat.

WIR HABEN DAS THEATER AUS EINER ANDEREN SICHT GESEHEN!

Praktische Anleitung S. 148:
EINS-ZU-EINS-GESPRÄCHE

Um die Menschen kennenzulernen, die am GRIPS Theater in Entscheidungs- bzw. Machtpositionen sind, gab es zu Beginn jeder Beiratsgruppe ein Treffen mit der Theaterleitung und dem Gremium. Bei letzterem handelt es sich um ein Entscheidungsorgan am GRIPS Theater, das anteilig aus allen Abteilungen und Gewerken besetzt ist. Es diskutiert Vorschläge zu neuen Stücken und künstlerischen Positionen und stimmt darüber mit einer Zweidrittel-Mehrheit bindend ab.

... DER KUNSTFORM THEATER

Wir haben uns so oft wie möglich Stücke angeschaut, die für die entsprechende Altersgruppe am GRIPS Theater gezeigt wurden. Vor allem Premieren waren eine gute Gelegenheit, um Theater zu schauen und zugleich als Beirat sichtbar zu werden und informell Mitarbeitenden zu begegnen. Diese Begegnungen riefen den Erwachsenen in Erinnerung, dass es den Beirat gibt und den Kindern, dass noch viel mehr Menschen am Theater arbeiten als nur Schauspielende. Ein kurzes „Hallo" auf Premierenpartys, das Fragen nach einem Autogramm oder das Aushandeln, wer die letzte Falafel vom Premierenbuffett bekommt, haben geholfen, Hürden abzubauen und ein Zugehörigkeitsgefühl entstehen zu lassen.

Mehr dazu S. 135: SICHTBAR SEIN

→ HAT SEHR VIEL SPAß GEMACHT!

In der Nachbereitung von Stücken haben die Beiratskinder sich im Sprechen über Theatererlebnisse und Ästhetiken ausprobiert und geübt. Sie haben z. B. Themen aus den Inszenierungen, die ihnen wichtig waren, in Form von kurzen „Antwortszenen" bearbeitet, das heißt, sie haben aus ihrer Perspektive zu den Themen Szenen entworfen und sich gegenseitig gezeigt. Wir haben im Verlauf der Beiratstreffen zum einen festgestellt, dass dabei das Bedürfnis, selbst szenisch zu arbeiten, befriedigt werden kann. Zum anderen hat sich in arrangierten Treffen mit Mitarbeitenden gezeigt, dass die Szenen der Kinder ein konkreter Ausgangs- und Anknüpfungspunkt war, um ins Gespräch zu kommen. Es war immer leichter, über direkt Erlebtes zu sprechen als über einen Theaterbesuch, der zwei Wochen zurücklag. Im Beschreiben der eigenen Szenen – auch durch Erwachsene – sind immer noch viel mehr Themen bewusst geworden, über die sich die Beiratsgruppe dann austauschen wollte.

Mehr dazu S. 122: STELLUNG NEHMEN

→ ES WAR SPANNEND & LUSTIG, ETWAS SO ZU SPIELEN, WIE MAN ES SELBER GEMACHT HÄTTE.

CHANCEN UND HERAUSFORDERUNGEN

Das Kennenlernen von Gruppe, Institution und Kunstform ist ein nie abgeschlossener Prozess. Auch wenn hier vor allem die Kennenlernenstrategien aus der Perspektive des Beirats beschrieben sind, braucht es aus der Perspektive der Mitarbeitenden den Willen, die Offenheit und die strukturellen Gegebenheiten, dass auch sie die Kinder kennenlernen. Wir haben uns immer gewünscht, dass wirklich alle im Haus die Beiratskinder kennen und die Gruppe bei Fragen und Entscheidungen als potentielle Ansprechpartnerin wahrnehmen. Auch wenn ein Zusammenkommen strukturell nicht einfach ist, wünschen wir uns, dass z. B. Kostümbildner*innen vorbeikommen, ihre Entwürfe zeigen und sich Rat holen, weil sie die Stärke von Kinderperspektiven zu schätzen wissen oder dass die Theaterleitung in einer Sitzung sagt: „Die Frage nehme ich nächste Woche mit zum KinderTheaterBeirat.“ So haben die Kinder nicht nur das Gefühl, mit dem Beirat wirklich dazuzugehören und sinnstiftend zu sein, sondern sind es tatsächlich.

Mehr dazu S. 72:
WO SETZT BEIRATSARBEIT AN?

Kommunizieren

Da es elementarer Bestandteil der KinderTheaterBeiräte war, in Kommunikation mit dem Theater zu sein, soll hier genauer darauf eingegangen werden, wie wir Kommunikationskanäle mit dem GRIPS Theater aufgebaut haben. Wie die konkrete Kommunikation zwischen Kindern und Erwachsenen in gemeinsamen Treffen gestaltet wurde, ist unter STELLUNG NEHMEN und SICH AUSTAUSCHEN näher beschrieben.

...ZWISCHEN ERWACHSENEN BEIRATSBEGLEITENDEN UND MITARBEITENDEN

Aufgrund der Arbeitsstrukturen am Theater musste ein Hauptteil der Kommunikation zwischen uns, den erwachsenen Begleiter*innen des Beirats und den Mitarbeitenden des Theaters stattfinden. Viele der regulären Sitzungen sind am Vormittag, wenn Kinder in der Schule sind. Diese Sitzungen sind grundsätzlich (noch) nicht so gestaltet, dass Menschen unterschiedlicher Expertise gleichberechtigt daran teilhaben können. Gleichzeitig sind diese Sitzungen aber die Haupt-Kommunikationskanäle der Institution und es war sehr hilfreich, die Interessen der Kinderbeiräte in diesen Sitzungen stark zu machen, Informationen einzufordern und die Existenz der KinderTheaterBeiräte immer wieder in Erinnerung zu rufen. Dafür war es zwingend notwendig, dass zumindest eine Person von uns fest in das Hausgeschehen eingebunden war und Zugang zu allen relevanten Informationen hatte. Die Kommunikation zu möglichen Treffen zwischen KinderTheaterBeirat und z. B. dem Gremium, zu Probenbesuchen oder zu anderen Möglichkeiten der Zusammenarbeit lag immer bei uns, den erwachsenen Beiratsbegleiter*innen.

Den KinderTheaterBeirat in Gesprächen mit Kolleg*innen immer wieder einfließen zu lassen, schafft nach und nach Bewusstsein und lässt Ideen wachsen, wo und wann die Perspektive des Beirats notwendig ist. So gab es immer wieder Situationen in GRIPS-Sitzungen bei denen erwachsene Beteiligte des Beirats einhaken und mitteilen konnten, dass beispielsweise der Beirat ein bestimmtes Thema bereits auf der Agenda hat oder dass es doch eine großartige Möglichkeit wäre, den Beirat für die eben diskutierte Thematik anzufragen.

Darüber hinaus war es uns wichtig, Möglichkeiten für direkte und kontinuierliche Kommunikation zwischen Beiratskindern und Mitarbeitenden des Hauses zu schaffen. Am Besten hat das funktioniert, wenn Erwachsene aus dem Theater oder anderen Institutionen in die *GRIPS Box* gekommen sind, die als räumliche Zentrale für die Beiratstreffen diente.

...ZWISCHEN BEIRATSKINDERN UND MITARBEITENDEN

Um im direkten Kontakt bleiben zu können, wurde von einem der KinderTheaterBeiräte eine Kommunikations-Pinnwand mit Postfach gestaltet und im Bürotrakt des Theaters aufgehängt. Auf der Pinnwand haben sich die Beiratskinder vorgestellt und die Mitarbeitenden konnten Anfragen und Wünsche in das Postfach werfen. Vor jedem Beiratstreffen wurde das Postfach von den Kindern geleert. Anschließend wurden die Anfragen der Mitarbeitenden von den Beiratskindern auf spielerische Weise bearbeitet.

Praktische Anleitung S. 146:
KOMMUNIKATIONS-PINNWAND

Unser Ziel war, eine direkte Kommunikation zwischen KinderTheaterBeirat und Theater so oft wie möglich herzustellen – ob in Proben, oder Gesprächen mit dem Gremium oder ähnlichem. Eine Schwierigkeit war, dass die Informationen darüber, was im Nachhinein mit dem Input der Kinder passiert ist, oft nicht zu den Kindern zurückgeflossen sind. Zum Beispiel wenn Kinder auf einer Probe Vorschläge gemacht haben oder wenn es in einem Austauschgespräch mit dem Leitungsgremium um zukünftige Stückthemen ging. Die KinderTheaterBeiräte wussten oft nicht, welche neuen Fragen sich durch ihren Input und ihr Feedback ergeben haben und in welche Richtung beispielsweise eine

Praktische Anleitung S. 149:
REGENSCHIRMSPAZIERGANG

Produktion aufbauend darauf weitergedacht wurde. Auch wenn diese Art des Rücklaufs in langfristigen Prozessen herausfordernd ist, motiviert es ungemein zu erleben, wenn Ideen gehört werden und auch die Gründe kennenzulernen, warum sie ggf. nicht weiter verfolgt werden können. Für diesen Rücklauf von Informationen konnten wir als erwachsenen Beiratsbegleitende keine zuverlässigen Strukturen etablieren.

DAS GREMIUM HABEN WIR AUCH GETROFFEN, ABER KEINE AHNUNG, OB DIE DANN WAS GEÄNDERT HABEN.

CHANCEN UND HERAUSFORDERUNGEN

Um eine stabile Grundlage für direkte Kommunikation zu schaffen, müssen die Arbeitsstrukturen in der Institution genau betrachtet und z. B. Sitzungen so gestaltet werden, dass Kinder und Erwachsene regelmäßig daran teilnehmen können. Zudem müssen Kinder von der Schule freigestellt und müsste u. a. die verwendete Sprache so angepasst werden, dass für alle eine Zugänglichkeit gewährleistet ist. Das bedeutet oft, viele der bestehenden Strukturen komplett in Frage zu stellen, neu zu denken und Neues auszuprobieren. Dies erfordert Zeit und Mut. Bei einer Neugründung von Kulturinstitutionen für Kinder lohnt es sich daher, die Beteiligung von Kindern und das Schaffen von geeigneten Kommunikationssystemen von Anfang an mitzudenken.

Mehr dazu S. 83:
WIE KONZIPIEREN?

Stellung nehmen

Die KinderTheaterBeiräte am GRIPS Theater wurden immer wieder punktuell angefragt, ihre Meinungen und Ideen zu Fragen oder Prozessen am Theater zu sagen. Diese Anfragen kamen von der Leitung, von Produktionsteams in der Recherchephase, von Autor*innen im Schreibprozess oder aus der Theaterpädagogik. Unter dem Oberbegriff STELLUNG NEHMEN soll es hier um Begegnungen gehen, bei denen die Beiratskinder gefragt waren, ihre Sicht auf die Dinge deutlich zu machen. Die Anfragenden waren dabei immer in einer Machtposition, da sie letztlich selbst entscheiden konnten, inwiefern sie die Meinungen und Ideen des Beirats berücksichtigen und ggf. umsetzen.

... ZU FRAGEN DER LEITUNG

Beirat und Theaterleitung bzw. Leitungsgremium haben sich in der Regel immer am Anfang und am Ende einer Spielzeit getroffen, um sich kennenzulernen bzw. das Jahr abzuschließen und Revue passieren zu lassen. Die Zusammenarbeit hat sich ansonsten nach dem jeweiligen Bedarf gerichtet. Die Leitung hatte Fragen zu einem bestimmten Thema, zu dem ein Stück entstehen sollte oder war ganz allgemein auf der Suche nach Input zu Geschichten, Themen und Stoffen, welche die Kinder aktuell interessierten. Umgekehrt hat der Kinderbeirat das Gremium eingeladen, um von den Beratungstätigkeiten am Haus zu berichten. Das Gremium hat Anfragen z. B. per Videobotschaft oder als Brief geschickt, die der Beirat in Form von kurzen, erfundenen

Mehr dazu S. 119: KOMMUNIZIEREN

Spielszenen beantwortet hat. Auch in direkten Treffen mit Vertreter*innen des Gremiums haben wir versucht das Setting so zu gestalten, dass Gespräche im Stuhlkreis nur einen kleinen Teil des Treffens ausmachten und wir als Großgruppe einen konkreten Bezugspunkt für das Gespräch hatten wie z. B. eine kurze Szene, ein Video oder einen Gegenstand.

In einer Zusammenkunft von Leitungsgremium und KinderTheaterBeirat wurden die Kinder beispielsweise gebeten, aus ihrer Perspektive von Schulstress zu berichten. Das Thema für ein potentielles Stück war zuvor von Lehrer*innen an Mitarbeitende des Theaters herangetragen worden. Die Schilderungen der Kinder ergänzten die Überlegungen dazu um ihre Perspektive und unterstrichen die Relevanz der Thematik. Daraufhin wurde an einen Autoren der Auftrag vergeben, ein Stück zu diesem Thema zu verfassen. Etwa drei Jahre später kam dieses Stück dann am GRIPS Theater auf die Bühne.

... ZU FRAGEN VON PRODUKTIONSTEAMS

Der Beirat wurde außerdem angefragt, Theaterproduktionen am GRIPS Theater punktuell oder auch über einen längeren Zeitraum hinweg zu begleiten. Die Kinder waren u. a. in Rechercheprozesse zu Stückentwicklungen einbezogen, berieten Autor*innen, besuchten Proben, gaben Feedback und waren am Ende als Ehrengäste auf den Premierenfelern.

Praktische Anleitung S. 144: DIE GEHEIME UNTERSCHRIFT

Z.B. „ANTON MACHT'S KLAR" & „MAGDEBURG" HIEß FRÜHER „MADAGASKAR"

In der Spielzeit 2018/19 sollte beispielsweise der GRIPS-Klassiker *Balle, Malle, Hupe und Artur* in zeitgemäßer Form zurück auf die Bühne gebracht werden, wofür Autor Mehdi Moradpour eine Neufassung von Volker Ludwigs Originaltext aus dem Jahr 1971 verfasste. Bei dieser Stückentwicklung mit dem Titel *Die Lücke im Bauzaun* war der Beirat – und im Vorfeld auch das Herbstferienprojekt, aus dem der Beirat hervorgegangen ist – in die Rechercheprozesse involviert. Im Herbstferienprojekt haben Kinder in vier verschiedenen Workshops zu den Themen des Stücks eigene Nachforschungen angestellt und sich z. B. mit Fragen beschäftigt wie: Wo sind im Stadtraum gute Orte für Kinder? Was ist ein Freiraum? Was brauchen wir zum Spielen? Die Korrepetitorin der Produktion ist mit den Kindern die Lieder des Stückes durchgegangen, wobei deutlich wurde, dass manche nicht mehr zeitgemäß sind und umgeschrieben werden müssen.

→ SOGAR DEN STÜCKTITEL HABEN WIR BEEINFLUSST!

Auch der Autor hat die einzelnen Workshopgruppen besucht und sich die Präsentation der Rechercheergebnisse am Ende der Workshopwoche angesehen. Vor Beginn der Proben zu dem Stück hat der Beirat zudem einige Szenen zum Lesen bekommen – verbunden mit der Bitte, die Szenen mit eigenen Worten nachzuspielen. Die Kinder haben sich außerdem Szenen dazu überlegt, wie die Figuren zum ersten Mal aufeinandertreffen und was sie als Beirat alles tun würden, um eine Bande zu gründen. Während des Probenprozesses haben die Beiratskinder Feedback zu Szenen und dem Bühnenbildmodell gegeben. Der Beirat hat also eine ganze Spielzeit lang diese Produktion immer wieder punktuell beraten und war auch auf Veranstaltungen zu Themen des Stückes präsent.

Mehr dazu S. 127: SICH AUSTAUSCHEN

CHANCEN UND HERAUSFORDERUNGEN

Ob die Beratung durch den Beirat gelingt und sowohl für die Anfragenden als auch die Beiratskinder produktiv und sinnstiftend ist, hängt stark von der Bereitschaft des Produktionsteams ab, sich auf den Austauschprozess und das Feedback des Kinderbeirats einzulassen. Eine Produktion, in der z. B. die Regie das Ergebnis von Anfang an klar formuliert hat und selbst Schauspielende wenig Spielraum zur Mitgestaltung haben, ist nicht geeignet für eine Kooperation. Bei Produktionen, die Interesse an Austausch und Beratung haben, ist es uns wichtig zu klären, wie groß der Beratungsspielraum ist und wie mit Änderungsvorschlägen und Ideen des Beirats umgegangen wird. Werden die Kinder „nur" als Expert*innen ihrer Lebenswelt wahrgenommen und stehen unter Beobachtung, wie sie auf das Gesehene reagieren oder findet auch ein ernstzunehmender Austausch über künstlerische Mittel und Strategien statt? Gerade ein Kinderbeirat, der viel Erfahrungen in der Institution gesammelt hat, kann auch in künstlerischen

Prozessen beraten. Der Beirat schaut viel Theater, redet oft über das Gesehene und es besteht daher die Möglichkeit, eine vertrauensvolle Beziehung zwischen Beirat und Produktionsteam aufzubauen. So lässt sich gemeinsam herausfinden, in welcher Art und Weise die Beratung für alle sinnvoll, verständlich und bereichernd ist. Es kann der Versuch unternommen werden, eine gemeinsame Sprache zu finden.

Wir wünschen uns, dass vor allem Regisseur*innen sich aufrichtig für das Feedback von und den Austausch mit Kinderbeiräten interessieren und dies als Notwendigkeit anerkennen, um Theater für Kinder und Jugendliche zu machen. Viel zu oft wird z. B. ein Probenbesuch eher als ein Vermittlungsangebot betrachtet, bei dem den Kindern die Arbeitsprozesse am Theater bloß vorgestellt werden. Auch dies ist notwendig und für viele Beiratskinder waren gerade die Probenbesuche ein Highlight und hilfreich, um das Medium Theater kennenzulernen. Gerade Kinderbeiräte können hier jedoch durch ihre kontinuierliche Präsenz am Haus auch auf einer anderen Eben auftreten und als ernstzunehmendes Gegenüber in künstlerischen Prozessen fungieren.

Mehr dazu S. 34:
GESPRÄCH ÜBER UTOPIEN, PARTIZIPATION UND OFFENE RÄUME AM THEATER

Auch bei der Beratung von Produktionsteams und Entscheidungsträger*innen aus der Leitungsebene besteht die Herausforderung darin, herauszufinden, wie diese mit dem Feedback des Beirats umgegangen sind. Welche Ideen des Beirats wurden umgesetzt, warum wurden Ideen nicht umgesetzt? Welche Beschlüsse des künstlerischen Teams wurden aufgrund des Feedbacks noch einmal neu diskutiert? Welche Vorschläge finden die Kinder im Stück wieder, wenn sie die Premiere sehen? Da derartiges oft auch unter Erwachsenen nicht kommuniziert wird, besteht eine große Herausforderung für die erwachsenen Beiratsmitglieder darin, Mitarbeitende direkt darauf anzusprechen und entsprechende Informationen einzuholen. Es ist nicht zu unterschätzen, welchen Effekt es auf die Beiratskinder hat, zu erfahren, wie ihre Beratungstätigkeit wirkt. Es motiviert ungemein und schafft Selbstsicherheit und Vertrauen in die Beiratsarbeit. Auch wenn die Auswirkungen ihrer Beratungstätigkeit erst eine Spielzeit später zu sehen sind, wenn z. B. ein neues Stück über ein Thema herauskommt, das den Kindern am Herzen lag, ist es hilfreich diesen Beschluss zu kommunizieren und wenn möglich, die Kinder auch ein Jahr später zur Premiere einzuladen, selbst wenn sie dann unter Umständen gar nicht mehr im Beirat sind.

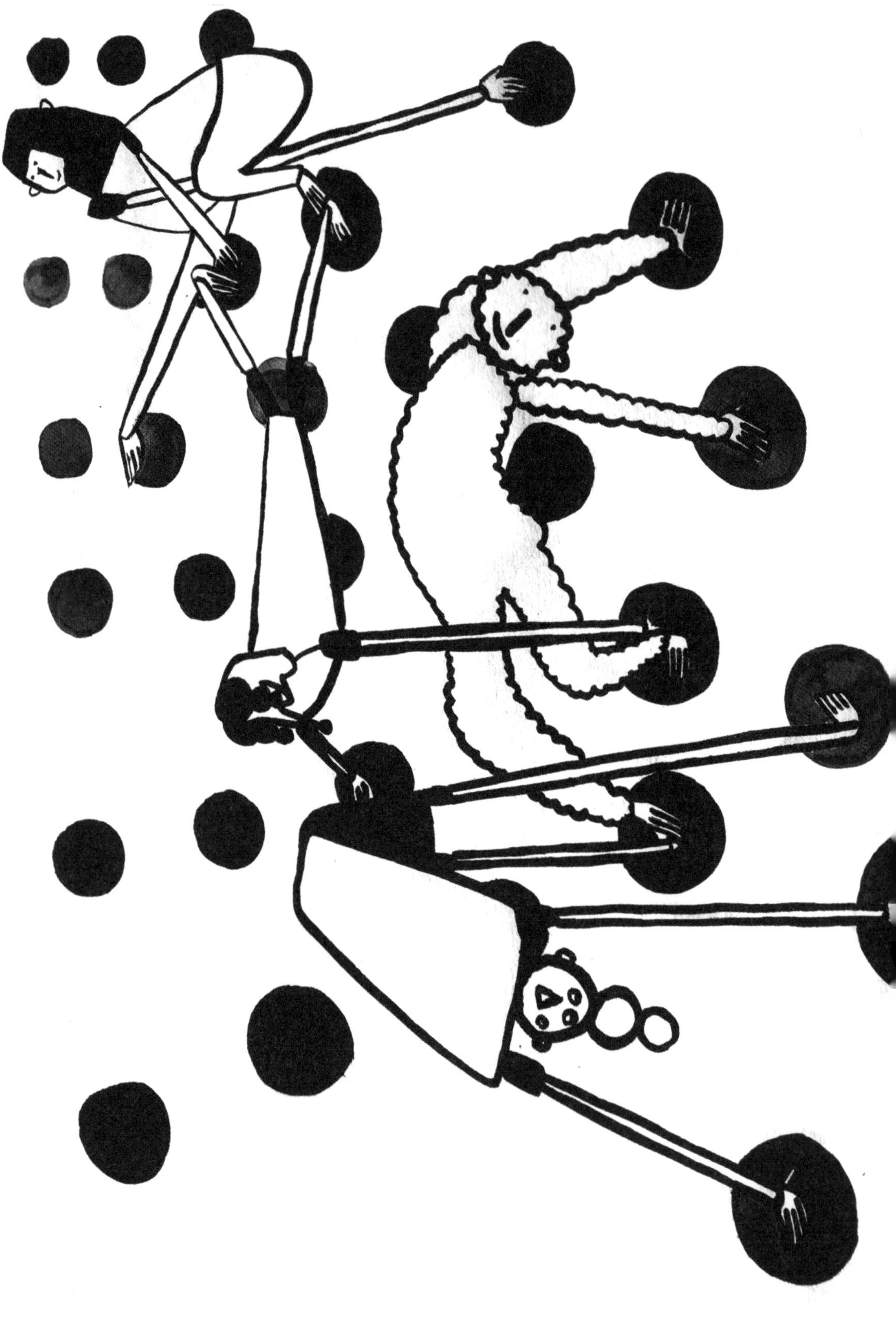

Sich austauschen

Einen Austausch der Beiratskindern mit erwachsenen Mitarbeitenden des Theaters oder Menschen auf Festivals zu initiieren und zu gestalten, war wichtiger Bestandteil der Beiratstätigkeit. Den Begriff AUSTAUSCHEN verwenden wir hier im Sinne eines Zusammenkommens, das nicht zielgerichtet sein oder Konsequenzen haben muss. Im Gegensatz zum STELLUNG NEHMEN, sollen hier Begegnungen beschrieben werden, bei denen keine konkreten Beratungsanfragen von Entscheidungsträger*innen an die Kinder bestanden, sondern bei denen sich Beiratskinder und Erwachsene getroffen haben, um grundsätzlich über ein Thema ins Gespräch zu kommen.

Solche Begegnungen haben z. B. mit den Autor*innen des *Berliner Kindertheaterpreises* stattgefunden. Fünf Autor*innen wurden nominiert in Zusammenarbeit mit dem GRIPS Theater an ihren eigenen Stückentwürfen zu arbeiten. Teil davon war ein Workshop, in dem Beiratskinder und Autor*innen sich gemeinsam erinnerten, wie ihr Leben im Alter von sechs Jahren aussah und was sie zu der Zeit gemacht haben. Zudem waren die verschiedenen KinderTheaterBeiräte jedes Jahr auf die *Berlinale* eingeladen, haben sich mit den Kurator*innen der *Berlinale Generation* getroffen und über die gesehenen Filme ausgetauscht.

ICH HABE MICH SEHR BESONDERS GEFÜHLT, WEIL IN DEM NORMALEN ALLTAG EINES KINDES GEHT MAN NICHT AUF DIE BERLINALE ODER TRIFFT INTERESSANTE LEUTE.

Im Folgenden sollen zwei Austauschformate etwas genauer beschrieben werden, die die Beiratskinder selbst mitentwickelt haben.

… MIT FACHPUBLIKUM AUF DEM *AUGENBLICK MAL!* DAS FESTIVAL DES THEATERS FÜR JUNGES PUBLIKUM

Die Kinderbeiräte waren mehrfach auf das Festival *AUGENBLICK MAL!* eingeladen und haben dort einen eigenen Workshop für Besucher*innen und Fachpublikum gegeben. Ziel der Workshops war immer das Zusammenbringen verschiedener Perspektiven auf die gesehenen Stücke und der inhaltliche Austausch darüber. Diese Workshops wurden von uns und den Beiratskindern gemeinsam geplant und durchgeführt. Die Kinder waren die Gastgebenden des Workshops und haben die Austauschformate ihrer Wahl angeleitet. Dazu gehörten das gemeinsame Spielen der Lieblingsspiele und das gemeinsame Kneten, Schreiben und Malen zu Fragen, die wir und der Beirat im Vorfeld festgelegt hatten, um in einen kreativen Austausch über die Erlebnisse auf dem Festival zu kommen. Die Gastgeber*innenschaft der Beiratskinder, ihr Wissen um die Inhalte des Workshops und ihr Spaß darin mit Erwachsene ihre Lieblingsspiel zu spielen, hat den Austausch mit den Fachbesucher*innen erleichtert. Die Erwachsenen waren eingeladen, sich auf ein Format einzulassen und der Anleitung durch die Kinder zu folgen und im Rahmen dessen ihr Wissen und ihre Fragen zu teilen. Sie konnten die Veranstaltung nicht durch Austauschformate ihrer Wahl oder lange Redebeiträge dominieren. So war ein Austausch über aktuelle Tendenzen und zukünftige Perspektiven im Kindertheater möglich.

Mehr dazu S. 131: MITGESTALTEN

Praktische Anleitung S. 150: ÜBERS MATERIAL SPRECHEN – AUSTAUSCH VON KINDERN UND ERWACHSENEN

Praktische Anleitung S. 144: DIE KAUGUMMI-KLEINGRUPPENEINTEILUNG

… MIT GÄSTEN AUF DER VERANSTALTUNGSREIHE *RECHERCHIERT* AM GRIPS THEATER

Anlässlich der Premiere des Stückes *Die Lücke im Bauzaun* lud das GRIPS Theater den Beirat und anderen Expert*innen zu *Recherchiert* ein. Das Produktionsteam gab bei diesem Veranstaltungsformat dem Publikum im Vorfeld einer Premiere Einblicke in Recherche und Probenprozess und kam mit ihm ins Gespräch. Die Beiratskinder diskutierten dabei gemeinsam mit dem Produktionsteam von *Die Lücke im Bauzaun* und anderen interessierten Zuschauer*innen, Multiplikator*innen und Pädagog*innen über folgende Fragen: Wem gehört die Stadt? Wem sollte sie gehören? Wie kinderfreundlich ist Berlin? Wo haben Kinder ein Mitspracherecht in der Stadtgestaltung? Wie beeinflussen Schule, Gentrifizierung und Leistungsdruck das Kinderrecht auf Freizeit und Erholung? Um darüber in einen Austausch zu kommen, wurde gemeinsam geknetet, gemalt und gesprayt. Dieser Austausch war eingebettet in eine Reihe von anderen Begegnungs- und Beratungsmomenten zwischen dem Produktionsteam und dem Beirat, wie z. B. Probenbesuche und Feedback durch die Beiratskinder oder direkte Anfragen vom Autor an die Kinder.

Mehr dazu S. 122:
STELLUNG NEHMEN

Für die Zusammenarbeit zwischen Produktionsteam und Beirat war es sehr hilfreich, sich auch in Settings zu treffen, die zum einen der Beirat vorbereitet hatte und in denen zum anderen der Erwartungsdruck aneinander nicht so hoch war. Hier konnten sich alle einfach über das austauschen, was sie gerade zu den Fragen interessierte.

CHANCEN UND HERAUSFORDERUNGEN

Die Austauschtreffen mit Mitarbeitenden und externen Fachpersonen, die im Beirat geplant wurden, waren Highlights der Beiratszeit. Das intensive gemeinsame Planen und Vorbereiten dieser Begegnungen haben dazu geführt, dass die Beiratskinder sich als Gastgeber*innen und Machthabende fühlen und inszenieren konnten.

MANCHMAL HABE ICH MICH TROTZDEM UNTERLEGEN GEFÜHLT, WEIL ERWACHSENE GELACHT HABEN.

Bei den Austauschformaten ist es von großer Wichtigkeit, dass hierfür eine gemeinsame Basis geschaffen wird, sodass sich alle mit ihren spezifischen Expertisen möglichst gleichberechtigt begegnen können. Dafür braucht es vor allem die Bereitschaft von Erwachsenen, sich aus ihrem gewohnten Umfeld hinaus zu begeben und sich auf unkonventionelle Begegnungen einzulassen. Ein Input zum Thema Adultismus und ein Austausch über Wünsche, Ängste und Vorannahmen in Bezug auf ein Treffen mit Kindern, kann für alle beteiligten Erwachsenen hilfreich sein. Ein solcher Austausch steht und fällt

Mehr dazu S. 45:
HOW TO DEAL WITH US!
KINDER STELLEN FORDERUNGEN
AN ERWACHSENE

Mehr dazu S. 66:
HALTUNG ZEIGEN!
BEIRATSBEGLEITUNG VON
ERWACHSENEN

mit der Bereitschaft von Erwachsenen, Macht abzugeben, Wissen zu teilen (ohne dabei zu bevormunden) und ein ehrliches Interesse an der Perspektive der Kinder.

Einfacher waren die Austauschtreffen für uns immer dann, wenn sie nicht ausschließlich in einem Gesprächskreis stattfanden, sondern wenn Kinder und Erwachsene übers gemeinsame Spielen und Tun ins Gespräch kommen konnten. In Bezug auf die Frage, wie ein tatsächlicher Austausch entstehen kann, gibt es noch viel Entwicklungspotential.

Praktische Anleitung S. 151:
BILDERTANZ FEEDBACK

Mitgestalten

Aktives Mitgestalten hat eine zentrale Rolle in der Beratungstätigkeit der KinderTheaterBeiräte gespielt. Den Begriff MITGESTALTEN benutzen wir hier in Abgrenzung zum Begriff STELLUNG NEHMEN. Er beschreibt Aktionen, bei denen der KinderTheaterBeirat nicht auf Anfrage von Mitarbeitenden hin Feedback gegeben, sondern selbstbestimmt Aktionen geplant und umgesetzt hat. Auch das ist für uns ein Teil von Beratung, denn hier werden die Interessen, Themen und Ästhetiken der Beiratskinder ganz unabhängig von Fragen oder Themen sichtbar, die die Erwachsenen bewegen.

Als erwachsene Beteiligte war es uns wichtig, Klarheit darüber zu schaffen, wo tatsächliche Mitgestaltungs-Spielräume innerhalb der Beiratstreffen und im Kontakt mit dem GRIPS Theater möglich waren. So haben die KinderTheaterBeiräte z. B. regelmäßig die Premierenparty zu Produktionen des Kinderclubs am GRIPS Theater organisiert und waren maßgeblich an der Konzeption und Gestaltung der jährlichen Projektwoche in den Herbstferien beteiligt. Die KinderTheaterBeiräte haben sich u. a. Themen für die einzelnen Workshops ausgedacht, entschieden was es jeden Tag zu Essen geben soll und die Workshopzeiten festgelegt. In einem Jahr haben die Beiratskinder die Projektwoche außerdem auch moderiert und auf Instagram Einblicke in ihre Arbeit gegeben. Im Folgenden soll auf drei Mitgestaltungsmomente genauer eingegangen werden.

GESCHMIERTE BROTE FÜR ALLE!

– JETZT AUCH VON MIR!

… INNERHALB DER BEIRATSTREFFEN

Praktische Anleitung S. 143:
GRUPPENSPIELE LOSEN

Die Beiratskinder haben sich u. a. mit folgenden Fragen auseinandergesetzt: Wie sollen die Beiratstreffen ablaufen? Wie viel und was spielen wir? Was und wie antworten wir auf Anfragen? Wie viel Pausenzeit brauchen wir?

PAUSE !!!

Wie lange sollen Projektwochen dauern? Auf welche Veranstaltungen gehen wir? Welche Themen interessieren uns? Welches Essen soll es beim nächsten Treffen geben? Welche Menschen vom Theater wollen wir treffen?

Praktische Anleitung S. 141:
RÜCK- UND AUSBLICKWAND
FÜR DEN BEIRAT

Um strukturell Mitgestaltung der Kinder während der Beiratstreffen zu gewährleisten, haben wir als erwachsene Begleitende zu Beginn eines jeden Treffens den Tagesplan durchgesprochen und dann gemeinsam anhand von Stimmungsbildern entschieden, ob das Treffen wie geplant ablaufen, etwas ergänzt werden oder etwas komplett anderes gemacht werden soll. So konnte sich die Gruppe immer wieder darüber verständigen, was die nächsten Schritte sind und die Beiratszeit gemeinsam planen und gestalten. Um beim gemeinsamen Planen eine Orientierung bieten zu können, haben wir als erwachsene Begleitende eine fortlaufende Rückund Ausblickswand gestaltet, an der bearbeitete Meilensteine mit Fotos dokumentiert waren und auch zukünftige Aktionen sichtbar waren.

… AUSSERHALB DER BEIRATSTREFFEN BEIM *AUGEBLICK MAL! FESTIVAL*

Mehr dazu S. 127:
SICH AUSTAUSCHEN

Der KinderTheaterBeirat war zu dem Festival *AUGENBLICK MAL!* 2019 eingeladen, um dort verschiedene Stücke anzusehen und einen Austausch-Workshop für Besucher*innen und Fachpublikum zu gestalten. Für die Konzeption dieses Workshops haben sowohl wir erwachsenen Begleitpersonen als auch die Beiratskinder ihre Expertisen eingebracht. Wir konnten unsere Erfahrungen bei der Workshopgestaltung anbieten und einen groben Ablaufplan vorschlagen wie z. B. ein Kennenlernspiel zu Beginn, dann Kleingruppenarbeit zu bestimmten Fragen und am Ende ein Austausch in der Großgruppe. Von den Beiratskindern wurde dieser grobe Plan anschließend mit den Inhalten gefüllt, auf die sie Lust hatten und mit denen sie sich sicher fühlten. Vor allem haben sie sich überlegt, in welchen Situationen sie gut mit Erwachsenen ins Gespräch kommen können, z. B. wenn sie gemeinsam mit ihnen ausgehend von bestimmten Fragen Knete bearbeiten, ein riesiges Matsch-Bild gestalten oder eine Bildergeschichte malen. Der Fokus war bei allen Aktionen darauf gerichtet, während des Redens auch etwas mit den Händen zu gestalten und so einen Gegenstand zu produzieren, der wiederum zum konkreten Anlass für Austausch werden kann. Außerdem wurde festgelegt, welches Beiratskind welchen Teil des Workshops anleitet. Dadurch, dass die Beiratskinder alle Spiele und Fragen des Workshops kannten und diese auch selbstsicher anleiten konnten, waren sie die souveränen Gastgeber*innen der Veranstaltung. Wir waren als erwachsene Beteiligte dafür zuständig, den Rahmen zu halten, indem wir die Zeit im Blick behielten, Übergänge moderierten und als Back-up zur Verfügung standen.

Praktsiche Anleitung S. 150:
ÜBERS MATERIAL SPRECHEN – AUSTAUSCH VON KINDERN UND ERWACHSENEN

… VON BEGLEITMATERIALIEN ZU THEATERSTÜCKEN

Am GRIPS Theater gestaltet die Theaterpädagogik-Abteilung zu jeder Inszenierung ein kostenloses Materialheft, das zusätzliche Informationen, Anregungen, Reflexionsfragen und Übungen zum jeweiligen Stück beinhaltet. Diese Materialien richten sich vor allen an Lehrer*innen und Erzieher*innen, um ausgehend davon nach einem Theaterbesuch die Themen des Stückes vertiefen zu können. Die Beiratskinder haben zu den Produktionen, die sie in den Proben begleitet haben, eigene Materialheft-Beiträge produziert. Auch hier haben wir als Erwachsene den Rahmen, was ein Beitrag alles sein kann, abgesteckt und die Beiratskinder haben ihn mit Inhalt befüllt. Das Mitgestalten dieser Hefte bringt die Perspektive von Kindern in ein Medium ein, das Erwachsene nutzen, um wiederum Angebote für Kinder zu gestalten. Dies fanden sowohl die Beiratskinder als auch die Theaterpädagogik-Abteilung sinnvoll.

VON KINDERN FÜR KINDER!

CHANCEN UND HERAUSFORDERUNGEN

Die gemeinsame Gestaltung der Beiratstreffen durch die Kinder und uns Erwachsene brauchte Zeit, um sich zu etablieren und blieb immer geprägt durch ein Wechselspiel von Versuch und Irrtum. Wir haben dies als einen guten Übungsraum empfunden, in dem alle erproben konnten, wie sich Bedürfnisse und Wünsche formulieren und Entscheidungen aushandeln lassen. Das Mitgestalten von Austauschformaten oder Aktionen im Theater bot den Beiratskindern eine Möglichkeit, ihre Ideen und Standpunkte öffentlich zu machen und ihre Perspektive in Bestehendes einzubringen. Im Unterschied zum Feedbackgeben besitzt das Mitgestalten und Aktivsein eine eigenständige Wirkmächtigkeit und erzeugt auch ein stärkeres Gefühl der Selbstwirksamkeit bei den Beiratskindern. Das Mitgestalten gehört für uns daher unbedingt zum Spektrum des Beratens dazu.

Wir halten es für wünschenswert, Kindern an Häusern wie dem GRIPS Theater noch viel mehr Gestaltungsmöglichkeiten in künstlerischen Machtpositionen einzuräumen. Welche Voraussetzungen braucht es beispielsweise, damit eine Gruppe von Kindern ein Stück mitschreiben kann, das dann fester Bestandteil des Spielplans wird? Was muss sich strukturell verändern, damit Kinder Bühne und Kostüme für Inszenierungen mitentwerfen oder eine (Co-)Regieposition übernehmen können? Und was brauchen erwachsene Mitarbeitende, damit sie die Lust und die Ressourcen haben, Macht zu teilen und in einen Aushandlungsprozess mit Kindern zu treten? Um diese Fragen strukturell anzugehen und Schritt für Schritt Möglichkeitsräume zu schaffen, braucht es vor allem die Bereitschaft der Erwachsenen. Warum also nicht das Budget, das gemeinhin für eine herkömmliche Produktion angesetzt ist, einmal in solch einen Öffnungsprozess investieren?

Mehr dazu S. 26:
GESPRÄCH ÜBER ADULTISMUS, KINDERRECHTE UND RAHMENBEDINGUNGEN

Sichtbar sein

Die Sichtbarkeit und damit auch die Bekanntheit des Beirats innerhalb und außerhalb der Kulturinstitution hat in unserer Wahrnehmung große Auswirkungen auf das Gelingen der Beratungstätigkeit. Wenn Mitarbeitende wenig vom Beirat an ihrem Haus wissen, kommt die Zusammenarbeit schwer in Gang. Je mehr Sichtbarkeit und damit auch Bekanntheit und Anerkennung der Beirat in der Institution und darüber hinaus hat, desto einfacher ist es, mit Mitarbeitenden in Kontakt zu kommen. Im Folgenden wird beschrieben, was wir versucht haben, um die Sichtbarkeit des Beirats – vor allem innerhalb des GRIPS Theaters – zu erhöhen.

... AUF DEN KANÄLEN DER ÖFFENTLICHKEITSARBEIT

Grundsätzlich waren wir auf allen Kanälen der Öffentlichkeitsarbeit des GRIPS Theaters und der Kooperationspartner*innen präsent. Der Beirat war auf den Homepages vertreten, im Spielzeitheft, im Spielplan und in Publikationen der Theaterpädagogik. Darüber hinaus hatte jeder Beirat eine eigene Homepage, auf der Aktionen und Highlights der Beiratsarbeit dokumentiert wurden. Aus Zeitmangel kümmerten sich hierum meist die erwachsenen Beiratsbegleiter*innen. Während des ersten Lockdowns zur Eindämmung der Corona-Pandemie im Frühjahr 2020 konnte sich auch der Beirat nur online treffen. In dieser Zeit hat er sich u. a. an Formaten auf dem Blog des GRIPS Theaters beteiligt und auf diese Weise versucht, mit einer Öffentlichkeit in Kontakt zu treten und sichtbar zu sein.

... AUF VERANSTALTUNGEN IM THEATER

Um sichtbar zu sein, haben wir mit den Beiräten hausinterne und externe Großveranstaltungen besucht. Dazu gehörten z. B. Premieren und Premierenpartys, die Feier *50 Jahre GRIPS*, das Austauschformat *Recherchiert* oder das Festival *Augenblick Mal!*. Ausgestattet mit Beiratshoodies oder -T-Shirts waren die Kinder für Mitarbeitende und Gäste als Beiratsmitglieder erkennbar und konnten in dieser Funktion angesprochen werden.

COOLES GRUPPENKENNZEICHEN!

Das gemeinsame Feiern der Stücke, die die Kinder z. T. begleitet hatten, schaffte Verbundenheit und ermöglichte einen informellen Austausch.

Im Rahmen der Festwoche *50 Jahre GRIPS* war auch der Beirat bei verschiedenen Aktion vertreten. Gemeinsam mit sieben anderen Gruppen (hauptsächlich Schulklassen und Schultheaterkursen) hat der Beirat im Rahmen der Aktion *Kinder entern die Bühne* die große Bühne am Hansaplatz bespielt, um sich dafür einzusetzen, dass Kinderrechte in Deutschland ins Grundgesetz aufgenommen werden.

WOW!!, DASS DIE NOCH IMMER NICHT IM GRUNDGESETZ SIND!

Er hat gezeigt, weshalb Kinder und Jugendliche besondere Förderung und Schutz benötigen, weshalb sie bei allen sie betreffenden Themen mitreden und mitbestimmen sollten und weshalb das Kindeswohl immer Vorrang hat. Im Anschluss an die Veranstaltung hat der Beirat mit Teilnehmenden des Jubiläumssymposiums gepicknickt, um über Kinderrechte und Theater zu sprechen.

KANN DEN TEXT IMMER NOCH FAST AUSWENDIG! →

Außerdem waren zwei Vertreter*innen des Beirats am Ersten Mai 2019 auf der Bühne am Brandenburger Tor und haben dort für das GRIPS Theater die Forderung nach einer Verankerung der Kinderrechte im Grundgesetz verlesen.

... DURCH EINE EIGENE ABSCHLUSSVERANSTALTUNG

In allen Spielzeiten, in denen ein KinderTheaterBeirat am GRIPS Theater aktiv war, haben die Beiräte eine Abschlussveranstaltung organisiert. Diese Präsentationen waren eine Mischung aus Feier und Vorstellung der geleisteten Beratungsarbeit. Darüber hinaus dienten sie dem Austausch mit Eltern und Mitarbeitenden sowie dem Ausdruck von Dank und Anerkennung gegenüber den Kindern. Das Format einer Abschlussveranstaltung hat es uns erlaubt, die vielen verschiedenen Aktionen der Beiratsgruppen aus einer Spielzeit zusammenzufassenund sichtbar zu machen. Der erste und zweite Beirat haben 2018 ein Abschlussfest für das Großprojekt *Theater nur mit uns! Kinder für mehr kulturelle Selbstbestimmung* veranstaltet, von dem die Beiräte Teilprojekte waren. Auf dem Abschlussfest haben die Beiräte von ihren Aktionen berichtet und die Besucher*innen konnten anschließend an verschiedenen Stationen die Inhalte des *KinderTheaterGesetzes* erkunden, dass die Beiratskinder zusammen mit 80 anderen Kindern im Projekt entwickelt hatten. Hier ist das *KinderTheaterGesetz* zu finden: theater-nur-mit-uns.de.

Mehr dazu S. 82:
ÜBERBLICK DER KINDERTHEATERBEIRÄTE AM GRIPS THEATER

HAT SEHR SPAß GEMACHT!

Der Abschluss vom *KinderTheaterRat* 2019 war wiederum ein offener Workshop zu Fragen, wie wir uns Theater wünschen und wie Kinder und Erwachsene zusammen darüber sprechen können. Unter anderem konnten alle an der Kinderrechte-Quiz-Station ihr Wissen über ihre Rechte testen. Auch der Jugendclub *Banda Agita* des GRIPS Theaters war auf der Veranstaltung zu Gast, konnte von eigenen Theatererfahrungen berichten und spielte mit den Beiratskindern ihre Lieblingsspiele.

Praktische Anleitung S. 143:
Grenzen! Ja – Nein – Du

SO GUT, DASS ES BEIM KINDERTHEATERRAT KEINEN END-PROBENSTRESS GAB!

CHANCEN UND HERAUSFORDERUNGEN

Die strukturelle Beteiligung von Kindern und Jugendlichen an der eigenen Institution sichtbar zu machen, sollte selbstverständlich sein. Herausfordernd gestaltet sich – auch am GRIPS – die Umsetzung dessen: Werden z. B. Ressourcen dafür in der Presse- und Öffentlichkeitsarbeit geschaffen und haben die Mitarbeitenden dieser Abteilung ein Verständnis für die Relevanz, die Beiratsarbeit innerhalb und nach außen sichtbar zu machen? Wir haben zum Beispiel unsere Projekthomepages selber gestaltet und befüllt und die Pflege und Verbreitung aus Kapazitätsgründen regelmäßig hinten angestellt. Dafür müssen schon bei der Konzeption genügend Ressourcen eingeplant werden. Die Sichtbarkeit nach außen bringt die große Chance mit sich, die Beiratsgruppen mit anderen Beteiligungsprojekten in der Stadt oder Region in Kontakt und Austausch zu bringen. In der Vernetzung der Kinder- und Jugendbeiräte untereinander liegt unserer Meinung nach großes Potential für die Entwicklung von Beratungs- und Mitbestimmungsstrukturen an Orten für Kinder- und Jugendliche.

Mehr dazu S. 100: WELCHE ERWACHSENEN BRAUCHT ES?

Praktische Anleitungen

Hier beschreiben wir eine kleine Auswahl an Aktionen und Spielen aus den verschiedenen Beiratsprojekten am GRIPS Theater. Sie sind als (Spiel)-Anleitungen formuliert und laden ein, sich durch einzelne ganz konkrete Gestaltungselemente aus unseren Beiratstreffen inspirieren zu lassen. Die Auswahl der Spiele und Aktionen reicht dabei von Klassikern der Theaterpädagogik, wie dem Lieblings-Namens-Spiel der Kinder und der Lieblings-Gruppeneinteil-Methode, über konkrete Begegungsformate mit Erwachsenen und Aktionen wie „Wer bestimmt hier was? Verbildlichung der Institution", die sich in den Beiratsjahren bewährt haben.

Das Spielen stand in den Beiratstreffen und auf den von Kindern geplanten Veranstaltungen immer mit an vorderster Stelle. Das gemeinsame Spielen war Selbstzweck, diente aber auch immer wieder als Einstieg in das gerade aktuelle Thema, als Zwischen-Warm-up, als Energizer oder als Gruppenaktion. Lust auf Spielen hatten immer alle!

RÜCK-UND AUSBLICKSWAND FÜR BEIRATSTREFFEN

VORBEREITUNG___Rück- und Ausblickwand aufhängen, ggf. neue Beiratstreffen-Fotos drucken, Wände um Material von vorherigen Treffen ergänzen

ZEIT___5–10 Minuten

BESCHREIBUNG___Alle Beiratsmitglieder sitzen in einem Kreis. Als Überblick über die gesamte Beiratsarbeit gibt es eine „Rückblickwand" mit Fotos, Schlagwörtern und Materialien zu dem, was schon alles erlebt und gemacht wurde. Diese hängt an der Wand der Beiratszentrale. Hilfreich ist auch eine „Ausblickwand" auf der die nächsten Schritte, Aktionen und mögliche Fragen stehen.
Es wird in der Gruppe gesammelt, was bei letzten Treffen alles passiert ist. Die erwachsenen Begleitungen stellen vor, welche Optionen es für kommende Treffen gibt und Fragen, Interessen und Wünsche werden gemeinsam geklärt.

ZIEL___Alle kommen zu Beginn des Beiratstreffens wieder als Gruppe zusammen und erinnern sich. Eine gemeinsame Basis entsteht. // Es wird reflektiert, was bisher im Beirat passiert ist. // Ausgehend von dem Sitzungsplan wird gemeinsam überlegt, was davon tatsächlich passieren soll und wo neue bzw. andere Ideen aufkommen und berücksichtigt werden müssen. // Die einzelnen Treffen können aktiv mitgestaltet werden. // Kommende Aktionen können möglichst weit im Vorfeld mitgeplant werden. // Der zeitliche Ablauf des Beiratsprojekts wird veranschaulicht und die Verknüpfungen zwischen verschieden Aktionen werden greifbarer. // Aufgrund der Übersicht können Entscheidungen innerhalb der Gruppe leichter getroffen werden.

DAS BEIRATS-LOGO

VORBEREITUNG __ Große Papierbögen, farbige Stifte (z. B. Wachsmalkreide, Eddings, Fingerfarben usw.), Scheren, verschiedene Pappe, Klebeband, Flyer der zu beratenden Kulturinstitution, abwischbare Folienstifte, Folien

ZEIT __ 1–3 Beiratstreffen für die Entwicklung eines Entwurfs und die Auswertung des daraus entstandenen Logos durch eine*n Grafiker*in

BESCHREIBUNG __ In der Beiratsgruppe werden zunächst Assoziationen gesammelt: Welche Bilder haben die Kinder vor Augen, wenn über die Aufgaben und Vorhaben des Beirats gesprochen wird? Welche Symbole und Bilder stehen für die Beiratsarbeit an der Institution? An welchem Zeichen soll der Beirat direkt erkennbar sein? Womit soll der Beirat in Erscheinung treten und in Verbindung gebracht werden? Welchen Namen soll die Beiratsgruppe haben?

DIE ZU ENTWERFEN WAR EHRLICH COOL, WEIL ALLE IHREN TEIL DAZU BEIGETRAGEN HABEN.

Dann wird in Kleingruppen an den Elementen des Logos gearbeitet: An der Gestaltung des Schriftzugs (dies beinhaltet auch die Frage, welcher Text Teil des Logos ist) und an weiteren Bildebenen. Jede Kleingruppe arbeitet ihre Ideen auf Papier oder Pappe mit Stiften, Klebeband, Ausgeschnittenem aus Flyern, buntem Papier usw. aus. Diese einzelnen Entwurfs-Teile werden anschließend in der Großgruppe präsentiert. Die finale Version (entweder sehr genau gezeichnet oder als Skizze mit genauen Instruktionen) wird dann zur Umsetzung an eine*n professionelle*n Grafiker*in gegeben. Das ausgearbeitete Logo wird anschließend wieder an die Beiratsgruppe zurückgegeben, die es entweder annimmt oder gegebenfalls noch einmal mit Feedback an die Grafik zurückgibt und weiter bearbeiten lässt, bevor es schließlich auf Hoodies, T-Shirts, Aufkleber o. ä. gedruckt wird.

→ WIR HABEN UNS VIELE GEDANKEN GEMACHT (AUCH GESTRITTEN)

ZIEL __ Das Entwerfen eines Logos ist für Kinder ein greifbarer Startpunkt für die Auseinandersetzung mit der Beiratsarbeit. // Ein gemeinsames Logo fördert ein hohes Maß an Identifikation mit der Beiratsgruppe. // Das Logo kann im weiteren Verlauf als Erkennungszeichen nach außen dienen. Diese erleichtert das Kennenlernen von Mitarbeitenden oder den Austausch mit Fachpublikum. // Ein Logo kann dazu beitragen, sich in einer Institution von Erwachsenen als wichtige Gruppe zu fühlen und als solche erkennbar zu sein.

¡GRUPPEN-GEFÜHL!

GRENZEN! JA – NEIN – DU

VORBEREITUNG__keine
ZEIT__5–10 min
BESCHREIBUNG__Alle stehen im Kreis. Eine Person fängt an, in die Hände zu klatschen, dabei zeigt sie entweder nach links oder nach rechts mit den Händen und dem Blick. Das Klatschen nach Links oder rechts wird mit einem „Ja" kommentiert. Die angeklatschte Person muss so schnell wie möglich reagieren und den Klatscher wiederum an die andere benachbarte Person mit einem „Ja" weitergeben.
Im nächsten Schritt üben alle gemeinsam „Nein!" sagen. Hierbei werden die Arme vor dem Körper zu einem Kreuz erhoben und gleichzeitig mit dem Fuß aufgestampft. Nun geht es wieder im Kreis herum mit einem „Ja" und jede*r kann statt mit „Ja" mit „Nein!" reagieren. Das führt zum Richtungswechsel des „Ja".
Im letzten Schritt kann jede Person aus drei Optionen wählen. „Ja!", „Nein!" und „Du!". Bei „Du!" wird quer durch den Kreis mit Augen und Händen einer anderen Person zugeklatscht. Diese reagiert dann wiederum mit einer der drei Optionen möglichst schnell.
ZIEL__Spielspaß // Impulsdurchlässigkeit // Energetisierung // Der Einstieg in die Auseinandersetzung mit dem Thema, wie in der Gruppe miteinander umgegangen werden soll, wird erleichtert. // Das Setzen und Anerkennen von Grenzen kann spielerisch erprobt werden. // Eine Gleichwertigkeit von „Ja" und „Nein" wird erlebbar, da „Nein" nicht zwingend Ablehnung bedeutet.

GRUPPENSPIELE LOSEN

VORBEREITUNG__Loszettel, Stifte, Losbehältnis
ZEIT__15 min
BESCHREIBUNG__Alle stellen sich gegenseitig ihre Lieblingsspiele vor. Anschließend werden diese auf kleine Zettel geschrieben und kommen in eine Losbox. Jetzt kann zu Beginn (oder immer bei Bedarf) ein Zettel aus der Box gezogen werden. Evtl. muss dann das Spiel noch einmal erklärt werden. Hinterher kann der Zettel zurück in die Box oder herausgenommen werden. Es können jederzeit neue Spiele hinzugefügt werden.
ZIEL__Der Entscheidungsprozess, welche Spiele zu Beginn eines Beiratstreffens (oder auch zwischendurch) gespielt werden sollen, wird offengelegt, besprechbar und zugleich erleichtert. // Indem gemeinsam Lieblingsspiele gesammelt werden, lässt sich ohne Vorgaben von Erwachsenen auskommen.

VOLL COOL!!

DIE KAUGUMMI-KLEINGRUPPENEINTEILUNG

VORBEREITUNG__So viele Kaugummis wie Mitspielende in so vielen Geschmacksrichtungen bzw. Farben, wie es Gruppen geben soll (d. h., bei 30 Menschen, die in fünf Gruppen aufgeteilt werden sollen, braucht es 30 Kaugummis in fünf Farben, also von jeder Farbe sechs Kaugummis), ein Losbehältnis
ZEIT__5 min
BESCHREIBUNG__Alle ziehen aus dem Losbehältnis einen Kaugummi. Die Gruppeneinteilung erfolgt darüber, wer die jeweils gleiche Farbe gezogen hat.
ZIEL__Kleingruppen lassen sich zufallsbasiert aufteilen. // Der Fokus liegt auf dem Spaß während der Gruppeneinteilung und nicht darauf, wer mit wem in einer Gruppe sein wird. // Bei Spielen mit Kindern und Erwachsenen wird die Hemmschwelle verringert, da die Kaugummis konkrete Gesprächsanlässe über Lieblingsgeschmacksrichtungen und -farben bieten können.

DIE GEHEIME UNTERSCHRIFT

VORBEREITUNG__Vertrag zur Verschwiegenheit gemeinsam vorbereiten oder fertige Vorlage zum Unterschreiben mitbringen
ZEIT__20 min
BESCHREIBUNG__Als Beirat arbeitet die Gruppe auch an noch unveröffentlichten Materialien. Sie sieht beispielsweise Proben zu einer Inszenierung, bevor diese im Rahmen der Premiere der Öffentlichkeit vorgestellt wird, oder arbeitet am Spielplan für die kommende Spielzeit mit. Daher können alle Beiratsmitglieder feierlich einen Vertrag unterschreiben, in dem sie versichern, dass sie ihr Geheimwissen, also die Betriebsgeheimnisse der Institution, nicht weitererzählen werden. Dies kann mit Unterschriften unter einem Vertrag oder in Form eines gemeinsamen Schwurs besiegelt werden.
ZIEL__Die Mitwisser*innenschaft eines Betriebsgeheimnisses ist aufregend und motivierend. // In dem formellen Akt wird deutlich, dass die Verschwiegenheit der Beiratskinder genauso wichtig sind, wie die der mitarbeitenden Erwachsenen. // Die Beiratskinder erleben Anerkennung und Vertrauen. // Indem sie versprechen, Betriebsgeheimnisse nicht zu verraten, übernehmen die Beiratskinder Verantwortung.

WER BESTIMMT HIER WAS? VERBILDLICHUNG DER INSTITUTION

VORBEREITUNGEN__Karteikarten, Stifte, (buntes) Kreppband
ZEIT__mind. 1 Beiratssitzung
BESCHREIBUNG__Alle sitzen um ein großes (z. B. aus Tapestreifen geklebtes) Haus herum. In der Gruppe wird gesammelt, wer alles in der Institution arbeitet, welche externen Mitarbeiter*innen bzw. Besucher*innen vor Ort sind und welche Räume es innerhalb des Gebäudes gibt. Diese Personen und Räume sowie ihre jeweiligen Funktionen werden auf Karteikarten geschrieben und in die Mitte gelegt. Nun wird versucht, zu sortieren, wer im Haus in welchem Raum arbeitet. Diese Orte können je nach Kenntnisstand im Laufe der Beiratszeit stetig erweitert werden. Jede neue Person, die der Beirat kennenlernt, erweitert das Bild.
Alle Wissensfragen bezüglich der Institution können geklärt werden. Aber auch Fragen wie: Was entscheidet eigentlich ein*e Chef*in und warum heißt es Intendanz? Wo sind hier Kinder vertreten? Wo ist der Platz des Beirats? Wo wünschen wir uns, vertreten zu sein und mitgestalten zu können?
ZIEL__Die erwachsenen Beiratsbegleiter*innen erhalten einen Überblick über den Wissensstand der Beiratskinder in Bezug auf Mitarbeiter*innen und Funktionsweise der Institution. // Strukturelle Gegebenheiten innerhalb des Hauses und Entscheidungsvorgänge innerhalb der Institution werden durch die Visualisierung für die Beiratskinder sichtbar und verständlich. // Mögliche Synergien und Ankupfungspunkte für Zusammenarbeiten zwischen der Institution und den Beiratskindern werden deutlich.

KOMMUNIKATIONS-PINNWAND

VORBEREITUNG __ Pinnwand aus Kork o. ä., Pins, Fotos der Kinder, Papier, Stifte, Klebestifte, Scheren, Klebeband

ZEIT __ 1–2 Beiratssitzungen für die Gestaltung und dann 10 min bei jedem Beiratstreffen

BESCHREIBUNG __ Der Beirat gestaltet eine Pinnwand auf der als Rahmung Steckbriefe von allen Beiratskindern zu sehen sind.
Der Steckbrief jedes Kindes enthält:

- NAME
- ALTER
- AM THEATER MAG ICH ...
- IHR KÖNNT MICH ALLES ÜBER ... FRAGEN!
- DAMIT KENNE ICH MICH GUT AUS ...

Auf der Pinnwand ist außerdem Platz, um aktuelle Aktionen des Beirats zu zeigen.
Ebenfalls Teil der Pinnwand ist ein Briefkasten, in den Mitarbeiter*innen der Institution Briefe an die Kinder stecken können. In diesen Briefen können Fragen, Rückmeldungen und Einladungen an den Kinderbeirat formuliert werden. Die fertig gestaltete Pinnwand wird an einem gut sichtbaren Ort in der Institution aufgehängt.
Vor jedem Beiratstreffen hat ein anderes Kind „Pinnwanddienst", sieht nach, ob es Briefe gibt und aktualisiert die Texte und Bilder (unter Aktuelles) auf der Wand. Hierfür muss die Pinnwand aktiv von der Institution bespielt werden, ansonsten kann es auf Dauer für die Kinder frustrierend sein, wenn keine Post kommt.

ZIEL __ Die Kinder werden mit ihren Interessen und Fähigkeiten am Haus sichtbar. // Dank der Informationen finden Mitarbeiter*innen z. B. bei Veranstaltungen leichter Anknüpfungspunkte für einen Austausch. // Der Kontakt zwischen Beirat und Institution erfolgt direkter und nicht nur über die erwachsenen Beteiligten. // Post dient als ein Zeichen von Wertschätzung der Beiratsarbeit. // Die Sichtbarkeit des Kinderbeirats in der Institution wird erhöht.

DAS IST SEHR GUT BEI MIR ANGEKOMMEN & HAT MICH SO FÜHLEN LASSEN, ALS WÄRE ICH EIN TEIL VON ETWAS

NAMENKLATSCHEN – KENNENLERNEN

VORBEREITUNG__keine
ZEIT__ca. 15 min
BESCHREIBUNG__Alle stehen in einem Kreis. Eine Person beginnt. Sie klatscht in Richtung einer anderen Person und sagt dabei ihren eigenen Namen, so als würde sie sich vorstellen. Nun ist diese Person an der Reihe. Auch sie muss in Richtung einer beliebigen Person klatschen und dabei ihren eigenen Namen sagen. Anschließend ist diese Person an der Reihe, sich einer beliebigen Person vorzustellen usw..
Nach einer gewissen Zeit werden die Regeln leicht verändert und die Schwierigkeit dadurch erhöht. Nun muss die klatschende Person nicht mehr ihren eigenen Namen sagen, sondern den Namen der Person, der sie gerade zuklatscht.
Wenn alle ihre Namen ein- bis zweimal gesagt haben, beginnt der zweite Teil des Spiels. Hierfür wird der ursprüngliche Kreis in zwei Kreise aufgeteilt. Innerhalb der beiden Kreise wird das Spiel weitergespielt wie zuvor. Allerdings geht es nun darum, dass ein möglichst hohes Tempo erreicht wird und keine Nachdenkpausen entstehen, wenn etwa einer Person ein Name nicht einfällt. Sobald eine Person zu langsam ist oder einen falschen Namen sagt, muss sie in den anderen Kreis wechseln. Alle wechseln also permanent zwischen den beiden Kreisen hin und her.
ZIEL__Die Gruppenmitglieder lernen untereinander spielerisch ihre Namen kennen. // Keine Person kann verlieren, da immer alle direkt weiterspielen können. Scheitern wird so als etwas erfahren, dass Spaß bereiten kann. Dies fördert Fehlerfreundlichkeit. // Es bringt die Gruppe in Bewegung.

EINS-ZU-EINS-GESPRÄCHE – ERSTE BEGEGNUNGSMOMENTE

VORBEREITUNG __ so viele Stühle wie anwesende Personen in Zweierpaaren einander gegenübergestellt, Stoppuhr, ein Gong oder evtl. Musik für den Wechsel
ZEIT __ ca. 1 Stunde
BESCHREIBUNG __ Im Vorfeld der Eins-zu-Eins-Gespräche überlegt sich die Beiratsgruppe Fragen, über die sie mit den eingeladenen Erwachsenen sprechen. Beim Eins-zu-Eins-Gespräch sitzen sich dann jeweils ein Beiratskind und eine erwachsene Person auf Stühlen gegenüber und tauschen sich zu den Fragen aus. Dafür werden die Fragen von der Moderation des Treffens laut vorgelesen. Nachdem ein bestimmtes Zeitfenster (max. zwei Minuten) verstrichen ist, zeigt die Moderation dies durch ein akustisches Signal an, also indem sie etwa einen Gong schlägt oder Musik einschaltet. Nun wechselt eine der beiden Personen weiter zur nächsten, mit der sie wiederum so lange spricht, bis das Signal ertönt und erneut Plätze gewechselt werden. Dies wird so lange wiederholt, bis alle Beiratskinder mit allen anwesenden Erwachsenen einmal gesprochen haben.
Dieser Ablauf ist auch ohne vorher festgelegte Fragen möglich. In diesem Fall gibt es nur die Zeitvorgabe und alle können sich über das austauschen, was ihnen in diesem Moment einfällt oder was sie schon immer einmal wissen wollten. Das Wissen und die Gedanken, die während der Zweiergespräche ausgetauscht werden, bleiben zunächst privat. Im Anschluss kann ein Austausch in der Großgruppe den Erkenntnisgewinn kollektivieren und neue Fragen können gemeinsam aufgeworfen werden.
ZIEL __ zwischen Kindern und Erwachsenen werden Begegnungsmöglichkeiten geschaffen, ohne dass die Kinder dafür den Schutz der Beiratsgruppe verlassen und laut vor vielen Menschen reden müssen. // Hierachien und Beziehungsebenen können im direkten Kontakt anders verhandelt und verrückt werden. // Die Kürze der Zeit, die mit jeweils einer Person zur Verfügung steht, motiviert zum Reden oder Handeln. Wenn sich das Gesprächspaar gerade nichts zu sagen hat, ist auch dies nicht schlimm, da die gemeinsame Zeit nur sehr kurz ist. // Es entstehen gemeinsame, sehr konkrete Begegnungsmomente, an die bei späteren Treffen angeknüpft werden kann. Bei diesen wird es dann leichter, auch außerhalb eines festen Formats miteinander ins Gespräch zu kommen.

REGENSCHIRMSPAZIERGANG – BEGEGNUNGSMOMENTE

VORBEREITUNG __ Karteikarten, Stifte, Stoppuhr, ggf. Mikrofon, Musik
ZEIT __ ca. 15 min
BESCHREIBUNG __ Im Vorfeld des Regenschirmspaziergangs sammelt die Beiratsgruppe Fragen, über die sie mit Erwachsenen sprechen will. Diese werden entweder von den Kindern auf Karteikarten notiert oder von erwachsenen Beiratsbeteiligten mitgeschrieben.
Jeweils ein Kind und eine erwachsene Person gehen unter einem imaginären Regenschirm miteinander spazieren. Die Fragen für das Gespräch, das die Paare unter den ‚Regenschirmen' dabei miteinander führen, gibt jeweils eines der Kinder für alle im Raum – bestenfalls mit Mikrofon, weil das mehr Spaß macht! Nach ein bis zwei Minuten werden die Partner*innen gewechselt und ein anderes Kind gibt einen neuen Gesprächsimpuls.
ZIEL __ Erwachsene und Kinder kommen in einen ersten Austausch. // Das gemeinsame Laufen durch den Raum erleichtert den Kontakt. Die Kürze verhindert zudem, dass längere, evtl. unangenehme Gesprächspausen entstehen. // Der ‚Spaziergang' kann dazu genutzt werden, inhaltlich in das Thema des Workshops einzusteigen.

ÜBERS MATERIAL SPRECHEN – AUSTAUSCH VON KINDERN UND ERWACHSENEN

VORBEREITUNG___Knete in verschiedenen Farben, Wachsmalkreide, Filzstifte, Buntstifte, Fingerfarben, sehr große Papierbögen, Sprühkreide in verschiedenen Farben, Zettel mit vorformulierten Fragestellungen für die unterschiedlichen Kleingruppen
ZEIT___ca. 1 Stunde
TEILNEHMER*INNENANZAHL___ maximal doppelt so viele Erwachsene wie Kinder
BESCHREIBUNG___Die Teilnehmer*innen finden sich in Kleingruppen zusammen, in denen geknetet, gemalt oder gesprayt wird. Als Ausgangspunkt dienen dafür die Gesprächsimpulse auf den Zetteln, die als Gruppe kreativ bearbeitet werden. Anschließend werden die entstandenen Kunstwerke im Plenum vorgestellt.
Beispiele für Impulse sind:
Kneten: Ihr wollt in eurer Stadt gerne draußen sein. Wie muss der Ort sein, an dem ihr euch wohl fühlt? Knetet euren Draußen-Wohlfühlort und besprecht euch dabei.
Malen: Das soll weg aus eurer Stadt! Zeichnet alles, was euch an eurer Stadt stört und besprecht euch dabei.
Malen: Das braucht es in eurer Stadt! Zeichnet alles, was in eurer Stadt toll ist! Ihr könnt Dinge malen, die schon da sind oder auch Dinge, die es noch braucht! Besprecht euch dabei.
Sprayen: Ihr bekommt ein Haus geschenkt. Ihr dürft entscheiden, wie es dort aussieht und was dort gemacht werden kann. Malt, klebt, schneidet, schreibt, etc. und besprecht euch dabei.
ZIEL___Inhaltlicher Austausch wird auf kreative, nichtsprachliche Weise ermöglicht. // Es findet ein Kennenlernen über unterschiedliche Positionen und Ansichten statt. // Weiterführende Themen, die im Austausch entstehen, können später gemeinsam besprochen werden.

BILDERTANZ FEEDBACK

VORBEREITUNG__gemeinsamer Besuch einer Probe oder einer Inszenierung, evtl. Musikbox
ZEIT__ca. 20 min
BESCHREIBUNG__Alle sitzen oder stehen in einem Kreis. Eine Person (A) beginnt, geht in die Mitte des Kreises und nimmt dort eine beliebige Position ein, in der sie dann erstarrt. Nun kommt die Person (B), die neben A im Kreis stand, ebenfalls in die Mitte, nimmt eine Position ein, die zu der Pose von A passt bzw. sich darauf bezieht und erstarrt. A verlässt nun den Kreis. Dafür kommt nun die Person, die neben B stand, in die Mitte und nimmt eine zu B passende Pose ein. Dies wiederholt sich so lange, bis alle einmal in der Mitte gewesen sind. Im Anschluss kann darüber gesprochen werden, was sich für die im Kreis Stehenden an Geschichten und Situationen erzählt hat, als sie die sich verändernden Standbilder in der Mitte betrachtet haben.
Dann wird eine neue Runde gespielt. Nun sollen die Personen in der Mitte jedoch nicht mehr eine beliebige Position einnehmen, sondern eine, die sich auf das bezieht, was zuvor auf der Probe bzw. in der Vorstellung gesehen wurde. Davon abgesehen bleibt das Spielprinzip das gleiche. Das Spiel kann mehrmals wiederholt werden, wobei es sich anbietet, immer wieder über die entstandenen Bilder und Situationen zu sprechen.
Am Ende löst sich der Kreis auf. Nun geht es abschließend darum, dass alle ein großes gemeinsames Standbild erzeugen. Alle gehen dafür nacheinander auf eine vorher definierte ‚Bühne', nehmen dort eine Pose ein und sagen dann aus ihrer Position heraus einen Satz. So entsteht aus den Eindrücken nach und nach ein ‚Gruppenfoto'.
ZIEL__Spielerisch lassen sich Assoziationen zu dem vorher Gesehenen sammeln. // Feedback wird auf theatrale Weise und mit Möglichkeiten der Verbildlichung gegeben. // Die entstehenden Bilder bieten eine Einstiegsmöglichkeit in die gemeinsame Reflexion über die Probe bzw. die Vorstellung. // Austausch mit einem Fokus auf Körpersprache wird möglich.

7.

Zum Schluss

NA DANN: MACHT MAL!

Wir hoffen, dass dieses Buch dazu inspiriert und ermutigt, in Kulturinstitutionen für junges Publikum die Türen für die Perspektiven von Kindern und Jugendlichen weit aufzumachen. Welche Form der Beteiligung gewählt wird, muss jede Institution für sich herausfinden. Ob Kinder überhaupt beteiligt werden sollten, steht außer Frage: Mitbestimmen ist ihr Recht! Um Mitbestimmung greifbar zu machen, müssen die Rahmenbedingungen für alle Beteiligten klar formuliert und überprüfbar sein. Institutionen, die sich in diese Richtung öffnen wollen, müssen personelle, zeitliche und finanzielle Ressourcen zur Verfügung stellen, sich auf einen „try and error"-Modus einlassen und ihre erwachsenen Mitarbeitenden fortbilden, die eigene Haltung zu Kindern zu befragen. Mit den KinderTheaterBeiräten haben wir am GRIPS Theater viele Aspekte des Beratens erprobt. Dabei konnten wir immer wieder beobachten, dass in einer Gesellschaft, in der Kinder und Erwachsene sich nicht selbstverständlich in transgenerationalen Räumen bewegen, der Weg zur Partizipation an größeren Strukturen über das Ermöglichen von Begegnungen führt. Das Aufbrechen von Strukturen braucht Kinder und Erwachsene, die sich kennen und Vertrauen zueinander aufbauen, um dann gemeinsam große Aufgaben anzugehen. So können Kulturinstitutionen für junges Publikum Schritt für Schritt zu Orten werden, an denen mehr Menschen gemeinsam künstlerisch aktiv sind und sich dort ganz selbstverständlich und mit Freude bewegen. Nicht zuletzt können Kulturinstitutionen auf diese Weise zum Modell für gesellschaftliche Akteur*innen aus anderen Bereichen werden, die das Kinderrecht auf Mitbestimmung ebenfalls umsetzen sollten. Wir freuen uns über alle bestehenden und zukünftigen Beirats- und Mitbestimmungsformate an Kulturinstitutionen und lassen uns gerne weiter beraten!

Danke

Danke an alle Kinder, die uns im 1. und 2. KinderTheaterBeirat, im KinderTheaterRat und im GRIPS TheaterRat mit ihren Ideen beeindruckt und inspiriert haben:
Adam, Adiyamaa, Amnon, Anastasia, Charleen, Christian, Demi, Diego, Emelie, Emilia, Gaspard, Gracia, Gurnoor, Halina, Jannes, Jasmin, Jelisaweta, Jette, Johann, Julia, Juthalac, Ksenia, Lara, Leandra, Lina, Linus, Luke, Maja, Malia, Maria, Marie, Meryam, Mihriban, Milan, Nikolai, Rifka, Roda, Rose, Sarah, Sophie, Tasnim, Tilly, Una, Vera, Vlad, Yukabod

Danke an Jonathan Achtsnit, der den 2. KinderTheaterBeirat mit begleitet hat und mit viel Leidenschaft Mitbestimmung in die Tat umsetzt.

Danke an alle Kooperationspartner*innen und Förder*innen der Projekte.

Besonderer Dank geht an Amnon, Julia, Luke, Marie, Milan und Rose für die Prozessberatung beim Schreiben dieses Buches, das Interview und die Kommentare zum Text.

Danke an Anna-Sophia Fritsche, Kristin Grün und Christian Wehmeier für ihre offenen Ohren, ihr ehrliches Feedback und das Mutmachen.

Danke allen Interviewpartner*innen für ihre Zeit und die klugen Gedanken, die uns geholfen haben, unsere Arbeit noch einmal in neuem Licht zu sehen.

Danke an Marco Aulbach, Lena Vorholt, Julia Kuzminska, Sophie Buchholz und Stefan Behrendt für die fantastischen ersten Rückmeldungen, die uns alles haben umschmeißen lassen.

Danke an das GRIPS Theater für den Raum zum Experimentieren.

Danke an die GRIPS Werke e. V., die uns den Rahmen für unsere Arbeit und dieses Handbuch gegeben haben.

DIE MACHER*INNEN:

Wiebke Hagemeier
arbeitet als Theatermacherin, Moderatorin und Kulturmanagerin.
Mit ihren Arbeiten erforscht sie Formen der Zusammenkunft und macht gesellschaftliche Aushandlungsprozesse sinnlich erfahrbar. Wiebke ist Teil der suite42 und arbeitete von 2015–2022 als Theaterpädagogin am GRIPS Theater in Berlin. Zuletzt inszenierte sie das interaktive theatrale Spiel HARTE ARBEIT, das mehrfach ausgezeichnet wurde.

Friederike Dunger
ist freischaffende Theaterpädagogin und Theatermacherin, seit 2022 Kulturagentin im Programm Kulturagenten für kreative Schulen Berlin.
Sie arbeitet in diversen Projekten, Kulturinstitutionen und Schulen, wie dem FUNDUS Theater Hamburg, TUKI Theater und Kita und dem GRIPS Theater. Dabei interessieren sie künstlerische Strategien, die es Kindern, Künstler*innen und Lehrer*innen/Erzieher*innen ermöglichen, in einen gemeinsamen Forschungs- und kreativen Schaffensprozess einzutreten.

Laura Mirjam Walter
ist Theaterpädagog*in, Theatermacher*in und WenDo-Trainer*in.
Einen Schwerpunkt von MJs Arbeit bilden partizipative Projekte mit Kindern sowie in jüngster Zeit auch experimentelles Forschen zu Digitalität im Kinder- und Jugendtheater. Mit den GRIPS Werken und dem GRIPS Theater verbindet MJ eine lange und intensive Arbeitsbeziehung, die bis ins Jahr 2011 zurückreicht.

Janice Jensen
ist Zeichnerin und Malerin, welche sich in ihrer Arbeit mit zeichnerischen Methoden der Dokumentation und Übersetzung von Umgebung in VR-Landschaften beschäftigt. Außerdem arbeitet sie als Kunstpädagogin, Illustratorin und Grafikdesignerin für Kunst-Kulturprojekte und ist Teil des feministischen Kollektivs und Magazins Naturtrüb e. V..

Marijke Debatin
lebt und arbeitet als Grafik-Designerin in Bielefeld.
Nach einem Studium an der Kunsthochschule Kassel hat sie sich ganz der Gestaltung verschrieben und arbeitet seit 2019 freiberuflich. Sie gestaltet am liebsten mit und nicht nur für Menschen, Institutionen und Unternehmen – hauptsächlich im sozialen oder kulturellen Bereich. Kleine Einblicke in die Theaterwelt erhielt sie in ihrem vorherigen Beruf als Tischlerin am Jungen Theater Göttingen.

Lena Schäfferling
arbeitet als freie Illustratorin in Hamburg. Sie beschäftigt sich u. a. mit verschiedenen Arten des Zusammenspiels von Text und Bild, mit der Darstellung von Raum und mit der Scham in der weiblichen Sexualität. Erste Erfahrungen mit dem Theater konnte sie in einem FSJ am Staatsschauspiel Dresden sammeln. Gemeinsam mit Janice und Marijke ist sie im feministischen Magazin Naturtrüb organisiert. Sie machte ihren Bachelor in Grafik an der FH Bielefeld und studiert Illustration im Master an der HAW Hamburg.

IMPRESSUM

KINDER BeRATEN ERWACHSENE
Ein Handbuch für Kinderbeiräte an Kulturinstitutionen

Autor*innen: Friederike Dunger, Wiebke Hagemeier, Laura Mirjam Walter
Grafik: Marijke Debatin
Illustrationen: Lena Schäfferling
Kapitelillustrationen: Janice Jensen
Korrektorat: Marco Aulbach

Druck: ADverts, Riga
1. Auflage Herbst 2023

ISBN 978-3-96848-107-4
eISBN 978-3-96848-707-6

www.gripswerke.de
kinderbeirat@gripswerke.de

Gefördert durch die Aktion Mensch

Das Projekt **Theater nur mit uns! Kinder für mehr Kulturelle Selbstbestimmung** war ein Projekt der GRIPS Werke e. V. in Kooperation mit der Kampagne Kinder beflügeln des Evangelischen Johannesstifts in Zusammenarbeit mit dem GRIPS Theater Berlin. Gefördert im Bereich Kinder- und Jugendhilfe durch Aktion Mensch e. V. und die Stiftung Kinder in Not – Stiftung zur Unterstützung notleidender Kinder in Deutschland. Finanziert aus Mitteln der Stiftung DKLB und des DPW, LV Berlin.

Das Projekt **KinderTheaterPlenum** war ein Projekt der GRIPS Werke e.V. in Kooperation mit der Kampagne Kinder beflügeln des Evangelischen Johannesstifts in Zusammenarbeit mit dem GRIPS Theater Berlin. Gefördert durch den Berliner Projektfonds Kulturelle Bildung und den Jugend-Demokratiefonds Berlin.

Das Projekt **Unsere Bühne, fertig, los!** war ein Projekt der GRIPS Werke e. V. in Kooperation mit dem GRIPS Theater, dem Evangelischen Johnnesstift – Kampagne Kinder beflügeln und den Kulturprojekten Berlin. Gefördert durch Wege ins Theater!, das Förderprogramm der ASSITEJ im Rahmen von Kultur macht stark! Bündnisse für Bildung.

Der **GRIPS TheaterRat** war ein Projekt der GRIPS Werke e. V. in Kooperation mit dem GRIPS Theater, dem Evangelischen Johannesstift Kampagne Kinder beflügeln und dem Kinder- und Jugendbeteiligungsbüro Marzahn-Hellersdorf im Humanistischen Verband Deutschlands. Gefördert durch Wege ins Theater!, das Förderprogramm der ASSITEJ im Rahmen von Kultur macht stark! Bündnisse für Bildung.

Die **KinderTheaterGesellschaft** war ein Projekt der GRIPS Werke e. V. in Kooperation mit dem GRIPS Theater, der Jugendhilfe der Johannesstift Diakonie, der Pusteblume Grundschule, der Grundschule am Bürgerpark, dem Bezirksamt Mitte von Berlin, OUTREACH – Mobile Jugendarbeit Berlin und dem Internationalen Bund. Gefördert durch Aktion Mensch e. V., Der Paritätische Berlin und Stiftung Kinder in Not – Stiftung zur Unterstützung notleidender Kinder in Deutschland.